哲学塾の風景

哲学書を読み解く

中島義道

講談社学術文庫

はしがき

二〇〇八年の一月に、私は長年の夢であった「哲学塾　カント」を開いた。次の文章は、その開塾にあたって、私が「ミクシィ」に書いたものである。

……現代日本で哲学を学ぶ場所として、大学（大学院）の哲学科あるいは朝日カルチャーセンターのような市民講座がありますが、私の目指す哲学塾とは、いずれでもない独自なものです。大学の哲学科では、主に研究者になるための教育が行われています。

そして、カルチャーセンターでは、教養としての哲学を教えています。しかし、私は哲学研究者になろうという目的でもなく、教養をつけたい（簡単にカントのことを知りたい）という希望でもなく、他の何の目的でもなく、文字通り真理を求める場として「哲学塾」を開設しようと思います。本当は、皆知っているのです。

「私とは何か？」「時間とは？」「善悪とは？」あるいは「神はいるのか？」「私は死んだら無になるのか？」などが、この人生において最も重要な問いであることを。

しかし、――じつに不思議なことに――現代日本にこれほどの学ぶ場があるというのに、こうした問いを純粋な形で問い続ける場がないのです。
ですから、私が創るしかないと思い立ちました。

そして、市ケ谷駅近くの一室で開塾したのだが、あっという間に五〇人くらいが集まった。当初は金曜日の夕方に一コマ、そして日曜日の夕方に二コマだけであり、テキストも(A)サルトルの『存在と無』、(B)カントの『プロレゴメナ』、そして(C)ニーチェの『ツァラトゥストラ』の三冊だけであった。その後、次第にコマ数も増え(二〇科目を超え)、語学(ドイツ語、フランス語、ラテン語)も始め、非常勤講師も五人にお願いして続いている。いまは、教室を世田谷に移し、土、日、水、木、の午後から夜に開講し、塾生は一三〇人を超え、これまで「特別講義」と称して、永井均さん、入不二基義さん、加賀野井秀一さん、森一郎さん、田中裕さん、酒井潔さん、長谷川三千子さん、福田肇さん、宇田川尚人さん、塩谷賢さん、荒畑靖宏さんなど、哲学仲間に加えて、三浦清美さん(モスクワ史)、池田清彦さん(進化論)などにもお話してもらっている。

こうして、定年後、仲間の哲学(研究)者たちとはかなり違った細い道を歩んでいるのだが、これまで「哲学塾」について何度か書いてはきたが、「哲学塾」そのものの授業風景を紹介してはいなかった。そこで、ちょうど四年経ったことでもあり、ここで参加者にいっさい手加減しないことをモットーにしている「模擬授業」を書いておこうと思い立った次第である。その厳しい授業風景から真剣に哲学を志す者への「愛」とでも言えるもの（？）を汲み取っていただければ幸いである。

以下の仮想的「参加者」は現実の参加者を分解したり統合したりして創り出したもの。現実の参加者は「あれ、これ、自分のことかな？」と思われるかもしれない。

A　家庭の主婦、五〇代
D　予備校教師、男、三〇代
E　地方公務員、男、三〇代
F　物理学科の大学院を出た塾講師、男、三〇代
G　医者、男、四〇代
H　哲学科の学生、女、二〇代
I　数学科を出てIT系企業に勤める男、三〇代
J　銀行員、男、四〇代
K　哲学科の学生、男、二〇代
M　高校教師、男、五〇代
N　司法試験準備中、男、三〇代
O　出版社勤務、女、四〇代

R　小説家志望のフリーター、女、二〇代
S　IT企業の社長、男、三〇代
T　哲学科大学院の学生、男、二〇代
U　カウンセラー、女、五〇代
W　哲学科を中退したフリーター、男、三〇代
Y　会社社長、男、七〇代

最後に、情け容赦のない（?）授業内容を読まれたうえで、真剣に哲学をしたい、そのためにぜひ「しごかれたい」という方々が連絡してくだされば嬉しく思います（連絡はウェッブ上の「哲学塾」のHPをごらんになってください）。

目次

哲学塾の風景

哲学書を読み解く

第一講　ロック『人間知性論』

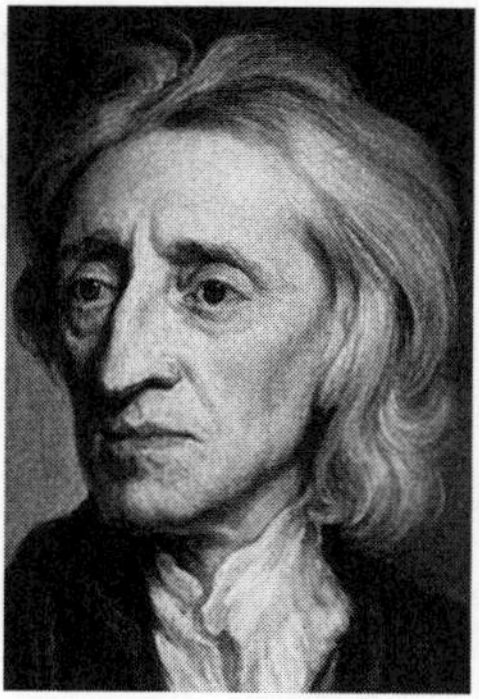

ジョン・ロック（John Locke, 1632-1704）
イギリスの哲学者、政治思想家。自然科学に造詣が深く、大学では医学を修め、医師となる。オランダに亡命し、名誉革命後に帰国。イギリス経験論の父と呼ばれ、哲学のみならず政治、宗教、医学等の分野にも足跡を残す。『統治二論（市民政府論）』で示した自由主義的な政治思想は名誉革命を理論づけ、アメリカ独立宣言やフランス人権宣言の理論的支柱となった。著書に『寛容についての書簡』『知性の正しい導き方』『子どもの教育』等。

『人間知性論』（*An Essay concerning Human Understanding*, 1689）
近代イギリス経験論の起点とされる哲学書。デカルト以来の近代主観主義の哲学を方向づけ、カントの認識論の前提となった。スコラ的観念論と対峙して科学と道徳の基礎づけのために経験論的認識論を展開する。寛容や自然法に関する思索は、当時のイギリスの政治、社会、宗教の変動を反映しており、道徳法則とその認識可能性として本書に結晶した。

〈テキスト〉
『人間知性論（一）』大槻春彦・訳　岩波文庫（岩波書店、一九七二年）

〈参加者〉
A（家庭の主婦、五〇代）
D（予備校教師、男、三〇代）
E（地方公務員、男、三〇代）
F（物理学科の大学院を出た塾講師、男、三〇代）
H（哲学科の学生、女、二〇代）
K（哲学科の学生、男、二〇代）
M（高校教師、男、五〇代）
N（司法試験準備中、男、三〇代）
T（哲学科大学院の学生、男、二〇代）
W（哲学科を中退したフリーター、男、三〇代）
Y（会社社長、男、七〇代）

哲学とはユーラシア大陸の西の先端で発生した思考法

デカルトの『方法序説』と『哲学原理』を二年かかって読み終えたから、一ヵ月前からロックの『人間知性論』に取りかかっている。いわゆるイギリス経験論の父とも言えるロックは、表面的には単純な議論を繰り返しているように見えるが、なかなかその思考は強靭で、（西洋）哲学の入門書としてきわめて適している。

デカルトも、ある意味単純な思考に徹しているが、その背景には数学（幾何学）があった。デカルトにあっては、神も私も世界も幾何学モデルなんだね。幾何学の確実性と明証性がすべてを貫いている。そして、本書は、ほぼすべてがデカルト批判だ。押し詰めれば、デカルトにあっては大前提である「経験に先立つ知識」を可能にするもの、すなわち「生得観念」を論駁《ろんばく》することに全力を傾けている。この前から見てきたが、その情熱たるやすさまじいものだ。

そのあとでバークリィが『人知原理論』を書くわけだが、そのすべてが今度はロック批判に向けられている。ライプニッツは、別の角度から生得観念を取り戻そうと、ロックの経験論を批判し続けたし、スピノザも、ロックとはまるで反対の方向から（神を取り戻す方向で）デカルトを批判して、むしろ完全な幾何学体系として哲学を築き上げようとした。ヘーゲルはカント批判に終始したとともに、スピノザの静態的形而上学を動態的形而上学へと改編しようとした。つまり、神をとらえることが哲学の目的なのだが、それは幾何学的方法によってではなく、弁証法的方法によらなければならないのだ。そして、キルケゴールとマルクスは、このヘーゲル批判に終始していた。こうして、ちょっと前の先輩を徹底的に批判した聡明な者たちが哲学史に残っているんだね。

こうした思想史を、私が大学時代に師事した大森荘蔵《しょうぞう》先生は「田舎芝居」と呼んで嫌っていたが、それもわかる。こんなことばかりして、それが「哲学」だと思い込んでいる愚かな哲学研究者は少なくないからねえ。まあ、ここでは、ただ個々の哲学書はかなり闘争的で(これを専門的には「ポレーミッシュ(polemisch)」という)はっきり撃墜したい敵がいて、それがわからなければまず理解できない仕組みになっている、ということを言いたかったのだ。

大森先生は優れた哲学者だったと思うが、思考の一般性を文字通り信じていたように思う。デカルトのように、人類の成員のすべては――一七世紀の西洋人であろうと、二一世紀の日本人であろうと――、ごまかしなく思考すれば同じ真理に達すると信じていたところがある。

だが、私は信じない。といって、哲学が時代や社会に相対的であるというような幼稚なことを言いたいわけではなく、哲学の要求する普遍性は、きわめて特殊なものだということ、その意味で地理的・歴史的にはユーラシア大陸の西の先端で発生した思考法にすぎないことを強調したい。言いかえれば、「哲学」とは、厳密には西洋哲学にほかならないのだ。

では、なぜそれにもかかわらず、われわれ現代日本人がこれを学ぶのか？

理由は存外簡単で、哲学が諸科学の発展と手を携えて現在に至ったからだ。知のモデルは、中国やインドやイスラムなど、別にあるかもしれないけれど、数学や天文学、物理学をはじめ、西洋に端を発したありとあらゆる科学が一六世紀から一七世紀にかけて科学革命をひき起こし、さらに産業革命をひき起こしたという無視できない事実がある。その絶大な威力をわれわれはいまなお信じているのであり、それに代わるものを探りつつまだ探り当てていないというわけだ。

ちょっと前に、わが国でもポスト・モダンと総称された数々の哲学＝思想がもてはやされたが、西洋的伝統的思考の枠組み（の一部）を壊しつつも、それに代わる新しい枠組みがまだ（あるいは永遠に）見いだせないというのが実情だと思う。この時点で「哲学は終焉を迎えた」という見解もあるが、それも否定できないだろう。

だから、私としては、当塾ではむしろ――逆説的な感をもたらすかもしれないが――ギリシャ哲学から二〇世紀に至るまでの西洋哲学の基本枠組みをしっかり学びたいと思っている。フッサールにしても、ハイデガーにしても、あるいはフレーゲ、ラッセルに始まる分析哲学でも、いかにその思考法が「西洋色」に濃く彩られているか、を学ぶことだ。そして、そのことを通じて、われわれ二一世紀に生きている（普通の）日本人にとっていかに違和感のあるものか、を知ることだ。

　私見では、こういうことをしっかり自覚して講義や演習をしている哲学科に所属している大学教員はきわめて少ない。みな、ヴィトゲンシュタインやレヴィナスを、自分が日常行使している思考法とは全然違うことを知っていながら、何の違和感も覚えずに客観的に研究しているんだから、驚くね。

　さて、一気にしゃべってしまったが、何か質問あるかな？
K　哲学が普遍的でないのなら、つまり先生の言われるように、ヨーロッパ半島の思想にすぎないのなら、なんで、ぼくたちが哲学を学ぶ必要があるんですか？
　はあ、K君は東大哲学科の学生だったね？　まったくまともな質問だ。さしあたり答えは二つあるかもしれない。

　一つは、われわれは哲学を特殊ヨーロッパ的思想と居直って、ギリシャ悲劇を学ぶように、シェークスピアを学ぶように、プルーストを学ぶように、学ぶことができる。哲学はヨーロッパ文化研究の一部に解消するというわけだね。

　そして、もう一つは「普遍を求める」態度のモデルを西洋哲学に求めるという答えだ。いったん、西洋哲学の「臭み」を自覚したあとは、それをなるべく正確に習得して「自分で考える」礎石にするのだ。一般に、自分よりはるかに威力のあるものにぶつかったとき、われわれが生き抜くにはそれしかない。だが、安直な折衷主義ではだめだ。そこには――好きな言葉ではないが――真剣な「対決」がなければならない。西田幾多郎も九鬼周造も大森荘蔵もそうした。文学者に目を向けると、鷗外も漱石もそうした。これは画家でも音楽家でも同じだと思う。

幕末に、西洋の軍事力の威力を見せつけられて幕府も長州も薩摩も西洋から武器を購入し、西洋式兵法を学び、西洋科学を学び、西洋文化を学び、西洋語を学んだ。それしか西洋に対抗する方法はなかったからだ。敵を撃退する、あるいは凌駕するには、まず敵の方法を徹底的に学ぶしかないんだ。

そして、きみたちいいかな。西洋哲学と言ったって、ギリシャ・ローマという局限された地域で芽生えた思想にすぎない。ドイツ人も、スカンジナヴィアの人々も、ロシア人も、彼らが文明化するには、自分たちの祖先がそこから排斥されていたギリシャ・ローマ文明を学ぶしかなかったのだね。

ロックはデカルトの「生得観念」を木端微塵に破壊したい

さて、ではロックの授業に入るが、はじめての人もいるようだから……ちょっと手を挙げてくれないか。ええと、AさんとDさんとEさんの三人だね。最初から取っている人は、F

君とK君とT君、それにW君の四人で、あとのMさん、N君、Yさんは途中からの参加だよね。では、まだ持っていない人にロックの年譜を配る。

ロックは、デカルトのような放浪生活をしたわけではなく、デカルトのようにヴァチカンから睨まれていたわけでもない。身体が弱く結婚はしなかったが、権力のすぐそばにいて、社会的に重要な職を歴任し、思想界の大御所としての地位を死ぬまで保ち続けた。この点から言うと、モンテーニュあるいはバークリィやバートランド・ラッセルに近いかもしれない。

彼は当時の自然科学の隆盛に支えられて、ニュートンが自然科学で成し遂げた仕事を哲学で成し遂げようとの意気込みに燃えていた。ニュートンの友人であり、カントも「かの偉大なロック」と数度言っていて、『純粋理性批判』はロックのした人間目線の仕事をそのまま引き継ぐという自覚さえある。

私の学生時代、だから四五年ほど前だが、この本は『人間悟性論』と訳されていて、もちろん誰でも知っていたが、演習で取り上げた先生はいなかった。いまは、東京大学の一ノ瀬正樹さんが本格的な研究者だし、京都大学の冨田恭彦さんも優れた研究者だね。

さて、何か質問ないかな？　わかりやすい内容だから、さっそく始めよう。今日は、岩波文庫の四五ページの二行目の下のほうからだよね。いままでの議論はごく簡単で、ロックはデカルトの「生得観念」を木端微塵に破壊したい。彼は何らかの命題、例えば同一律（A＝

A）とか矛盾律～（A∧～A）において「普遍的同意（universal consent）」が成立していることは認める。だが、ここから直ちに生得観念は導けないと言うのだ。その場合、ロックは慎重で、自分の経験論は生得観念を前提しなくても普遍的同意の理由をすべて説明できるから、それでよしとするべきであると言う。すなわち、デカルトを正面から反駁するのではなく、普遍的同意に関するもっと優れた説明を提案しているのだ。

さて、ロックはなぜこんなことを言うのだろうか？　誰かわかるかな？

T　どう考えても、そうは言えないような気がします。デカルトの言うように、数学の命題は生得的だけど、「カラスは黒い」という命題は経験的なのですから。

じゃ、問いを変えよう。なぜ、「三角形の内角の和は一八〇度である」という命題は経験的ではない、と考えるのだろう？

T　いつでも、どこでも普遍的に成り立つからです。

だから、ロックはわれわれがこの命題に関して普遍的に同意することを認めるのだ。だが、この命題が生まれる前からわれわれの心に印銘されているわけではない、というのだ。

T　でも、そうすると、普遍的同意は経験的なものにすぎなくて、それでは幾何学の必然的な普遍性は保証されないんじゃないですか？　つまり、人は誰でもこの命題に現に同意するということ以上に、必然的に同意するということは、出てこないじゃないですか？

ああ、いいところに話を持って行ってくれた。ヒュームが、因果律はただ現に成立しているだけだ、と主張したのに対して、カントが因果律は必然的に成立しなければならないと主張したが、きみはまさにそう言いたいんだろう？（Tうなずく）

だが、T君、そのとき、きみが「必然的に同意する」ということで「現に同意する」ということ以上の何を言いたいのか、よく考えてみてくれないか？

T　これまで人は誰でも現に同意してきたというのに留まらず、いかなる可能な場合も、人は誰でも同意するということ、つまりその反対が矛盾だということです。

それが必然的の意味だよね。だけど、きみは「いかなる可能な場合も」ということをどうして知っているんだろう？

T　経験によらなくても、概念や作図によって明晰かつ判明に知っているんです。

確かに、三角形の内角の大きさや各辺の長さという概念だけに基づいて、われわれは特定の三角形を作図できる。そこに作図された特定の三角形に関して、「三角形の内角の和は一八〇度である」という命題は確実なのだが、それは具体的に分度器を当てて測定することによって導かれるのではなくて、ユークリッド幾何学の定義や公理や定理から論理的に導かれる。ここまではいい。だが、このことからデカルトは「だからこれは生得観念である」と結論づけているが、ここには大きな飛躍があるのではないだろうか？

確かにわれわれはある事柄に関して「普遍的同意（universal consent）」をすることがあるが、「生得観念」とは、それを説明するための単なる想定ではなかろうか？　だからその想定がわれわれの実際の経験と一致しないことを示せば、必要がなくなるのではなかろうか？　ロックはそう考えた。T君は、まだ納得しないようだが、まあこれからゆっくり、あくまでも具体的で用意周到なロックの議論を見ていこうじゃないか。

実際に観察される事実しか認めない

初めに前回の復習をしておくと、デカルトはある種の観念は生得的であり、別の観念は生得的ではないと明言しているのに対して、ロックは――今日読むところでも触れているが

――もしわれわれが生得観念を認めるなら、あらゆる観念は生得的でなければならない、と断言している。その部分を確認すると、四四ページの五行目のところだ。

およそ心の未だかつて知らなかった命題、未だかつて意識しなかった命題、そうした命題が心にあると言うことはできない。というのは、かりにもしそうした命題が一つでも心にあると言えるなら、同じ理由で、真の命題で心がいつかは同意できる命題はすべて心のうちにあって、印銘されていると言えよう。

なんで、ロックはこんな理屈を持ち出したんだろうか？　前回、私はざっと説明したのだが、誰か正確に憶えているかな？　N君、どうだろう？

N　いま先生が言われたように、生得観念がもともと心に印銘されていることは、ロックによれば、すべて単なる想定だから、すべてが同じように根拠がないことになる、ということだったと思います。

まあ、六〇点くらいかな。ロックは、いまN君の言ったこととちょうど逆の論理を使っているんだから、そのことを、もっと正確に語らなければならない。いいかな？　哲学書の解釈は、「おおよそこんなことが書いてある」ではだめなんだ。まさにすべての哲学書は、見方によってはとても似ているし、別の見方によれば、まったく似ていない。

まあ、万巻の哲学書を読み解いた大学者であれば、そういうことも許されよう。だが、初心者は、与えられた眼前のテキストにスッポンのように食らいついて放さないほどの姿勢で読まねばならない。おおまかにまとめるのではなく、ありとあらゆる角度からテキストを吟味して「もうこれしかない」というところまで至らなければならない。まさに、古人が言ったように「眼光紙背に徹す」という態度だね。

いいかね？　もう一度テキストをよく見てごらん。ロックは仮に心に印銘されてはいるが、まだ真であると同意していない命題が、「一つでも心にあると言えるなら、同じ理由で」、まだ真であると同意していないすべての命題が「心のうちにあって、印銘されている」と言っているのだ。これはどういう意味なのだろう？

言いかえれば、なぜ、ある命題は生まれつき心に印銘されているが、他の命題はそうではない、とは言えないのだろう？

K　なぜなら、ロックは経験に基づいた論証しか認めないから、ある観念について、経験に基づかずに、「心のうちにあって印銘されている」、すなわち生得であることを認めるなら、「同じ理由で」他のすべての観念も生得であることを認めざるをえない。そして、それは明らかに不合理だ、と論じているんだと思います。

そうだね。例を挙げながら具体的に説明してみよう。例えば、「三角形の内角の和が一八〇度であること」が「心のうちにあって印銘されている」なら、同じようにピタゴラスの定理も、それどころかシュレーディンガー方程式も、ローレンツ変換も、いやそれどころかまだ人類が発見していない数学的・科学的真理もすべて「心のうちにあって印銘されている」のでなければならない。しかもいかなる鈍才の心にもね。

これは、いかにも不都合であって、われわれの直観に反する。もともと生得観念とは経験にいっさい基づかない想定なのだから、そしてそれは現に発現しなくてもいいのだから、こうなってしまう。

だから、ロックは生得観念論者に対して次のような反論もできるのだ。K君、四一ページの中ほど、〔　〕は訳者の大槻春彦さんが入れたもので、ほぼ適切だと思うので、それも含めて読み下してくれないか？

なぜなら、〔たとえば〕神が視覚を与えたもうてあって、目によって外の事物から色の観念を受け取る力能をお与えになっている被造物のうちに、色の生得観念を想定するのはばかげたことだと、だれしもよういに認めるだろうと私はおもうが……

ここで、ロックが何を言いたいか、わかるだろうか？　Mさんどうだろう？

M　もし、われわれが色の生得観念を持っているとすると、われわれは視覚器官や視覚中枢をもって「赤」を見る前にすでに「赤」とは何かを知っていることになりますが、それなら、神がなぜわれわれ人間にこうした視覚器官や視覚中枢を与えたかわからなくなる、ということです。

その通り。Mさん、よく理解していますね。そうすると、神が創造した眼や視神経や視覚中枢が無駄になるではないか、というわけだね。一種の弁神論で、時折ロックは生得観念批判にこういう理屈を持ってくる。じゃ、D君、次を読んで。

〈なるほど、〉能力は生得で、知識は獲得される、そう〈生得原理説の〉人々は言う。が、そうすると、一定の生得公準を求めてこんなに争うのは、なんのためか、かりにもし真理が知覚されずとも知性に印銘できるとしたら、心の知ることができる真理の間にその起原にかんしてあるはずの〈生得的と後天的の〉相違を見ることは、私にまったくできない。真理はすべて生得か、すべて後天的かでなければならない。真理を区別しようとする者はむだ骨を折ろう。

ここの部分は、わかりにくいかもしれない。翻訳もあまり工夫されていないし。それほど重要な論点が含まれているとも思えないので、私が解釈してしまうと、生得観念論者は、例えば同一律という観念は魂に生得的に刻印されているとしても、その発現はずっとあとだということを認めざるをえない。つまり、刻印された生得観念を使うための「知識」や「能力」は「獲得される」と言わざるをえないわけだ。

誰だって、言葉も数も教えないで同一律を語り出すはずがない。これを言いかえれば、ある種の観念、例えば同一律は「知覚されずとも知性に印銘できる」ということになる。だが、経験的にわれわれが知っているのは、言葉を教えてしばらくすると、やっと子どもは「雪は白い」と語り、さらに時間が経ち学校で学んでようやく「およそあるものはある」と語るようになるということだけだ。とすると、「雪の白さ」という観念と同一律という観念とはどこが違うのだろうか？　前者を後天的（生得的でない）そして後者を生得的とする理由はどこにあるのだろうか？　どこにもない、とロックは主張するのだ。

いいだろうか？　ロックがここで拠っているのは、「実際に観察される事実以外の事実はいっさい認めない」というウルトラ経験論の立場だ。このことから、先にも確認したように、すべての観念が生得的か、すべての観念が後天的（非生得的）かという理論的対立しかなくなることが導かれる。「すべての観念は生得的である」と主張している哲学者は誰もいないのに、〈ロックによれば〉論理的に導かれる仮想的城を築き上げ、その「幻の城」に向かって攻撃をしかけるってわけだ。

ロックのやり方は、強引に自分の土俵に敵を引き込んでいく

ここまでで、何か質問ないだろうか？

W　どうもロックのやり方は、強引に自分の土俵に敵を引き込んで、そこで相撲を取っているだけだ、という気がします。確か、ロックにとってわれわれの心は「白紙（tabula rasa）」なんですよね。じゃ、なんで、その白紙が外からの刺激によって、さまざまな色に彩られるんですか？　その白紙にもともと「彩られる」という能力があったからじゃないですか？　イギリスの子どもに英語を教えれば、いずれしゃべり出します。ロックといえども、どんなにイギリスの犬に英語を教えてもしゃべり出さないことは知っているはずです。

その違いは人間の子には英語習得能力があるからです。だから、人間の魂だって、完全な白紙とは言えないんじゃないですか？　ロックは、魂に具体的に個々の観念が印銘されているか否かだけを論じていますが、そうではなくて魂に潜在的能力のようなものを認めれば、生得観念論者とそれほど違った結論にはならないと思うのですが。

W君、とてもいい指摘だね。いまきみの言ったことは、事柄そのものとしてみれば完全に正しいと思うよ。人間の魂が「英語を教えられれば習得できる能力を持っている」ことは、事実だ。そして、英語を教えられなければ習得できないことも事実だ。

だが、ロックのようなウルトラ経験論者は、この説明は説明になっていないと考えたがる。これは、結果から原因を探るあらゆる議論に当てはまるが、「彼がすぐれた作家になったのは作家としての才能があったからだ」という方式の説明には、何かいかがわしいところがある。つまり、やはりこれも厳密に考えると「あとからの」説明にすぎないのではないだろうか？

「すぐれた作家になったこと」をもって、「あとから」その才能を彼に帰属させているだけなのではないだろうか？「彼がすぐれた作家になれなかったのは、その才能がなかったからだ」という説明方式も同様だ。

W　でも、先生、「彼は小説家としての才能があったにもかかわらず、その才能を充分伸ばさなかった」という言い方も無意味ではないと思いますが。

その通り。このあたりのことはサルトルが具体的に論じているが、どうだろう、いまの言い方でさえ、やはり具体的に観察可能な事実をもって「彼は小説家としての才能があった」と語っているのではないだろうか？　小説家として作品を刊行はしなかったが、彼の文章には驚くほどの豊かな感受性や文章構成力が認められるとか……。こうしたものがまったくなくて、われわれは「才能」という言葉を使いはしないよ。

この問題は、さまざまな場合を考慮して、もっと細かく議論しなければならない。ウルトラ経験論者としてのロックは、（生得観念としての）「才能」を観察可能なものから独立に認めることを拒否する、ということだけは確認できると思う。W君、いいかな？

W　さしあたりは、それでいいです。また、あとで疑問が湧いてきたら質問します。

そうだね。じゃ、Aさんその次を読んでください。

それゆえ、知性にある生得思念について語る者は（それでなにか別個な種類の真理を言うつもりなら）、知性の未だかつて知覚しなかったし、今でもまったく知られないような真理が知性にあると言ってすませるわけにはいかない。なぜなら、こうした（知性にある、という）ことばがかりにも適正だとすれば、このことばは、理解されるということを意味表示しているのである。そこで、知性にあって理解されないとか、心にあって未だかつて知覚されないとかいうことは、ある事物《もの》が心ないし知性にあってあらぬと言うのと、まったく一つである。それゆえ、かりにもし「およそあるものはある」と「同じ事物《もの》があってあらぬことはできない」という、これら二つの命題が自然に印銘されているとしたら、子どもたちはそれらの命題を知らないはずがない。幼児やおよそ霊魂《たましい》をもつ者はすべて必ず知性にそれらの命題をもっていなければならず、その真であることを知り、命題に同意しなければならない。

ここは、どうだろう？　とくに難しいとも思われないから、誰か解釈してくれないか？

M　じゃ、私がやりましょう。言っていることは一つで、あとのほうの文章にあるように、ある命題が魂に印銘されているとしたら、「それらの命題を知らないはずがない」ということ、「その真であることを知り、命題に同意しなければならない」ということです。

Mさんはよく理解していると思うが、あんまり簡単にまとめてくれたので、ちょっと付け加えると、ロックにとって、「知性（understanding）のうちにある」ということは、「理解されて」あるということ、「知覚されて」あるということにほかならない。しかも、「理解」

ないし「知覚」といっても、それを単に「意識している」だけではなく、適切な言葉をもって理解しているのでなければならない。

だから、同一律を（真の意味で）知っている人は、漠然とそれを意識しているのではなく、「およそあるものはある」とか「同じ事物があってあらぬことはできない」と正確に言葉で表現できるのでなければならない。これが、「知性のうちにある」ということであって、身体のうちにあるのとは違うとロックは考えるのだね。これについては、どうだろう？

W　やはり、ロックのひとり相撲って感じです。日常的にも、たとえ知っているとしても、正確に語れない場合は、いくらでもあるでしょう？　例えば、ぼくはテレビのスイッチを押すと何百キロメートルも離れた国の情景が画面に映ることを知っているけれど、パソコンで簡単にメールが送れることを知っているけれど、なぜこうした現象が起こるのか、正確に説明はできない。じゃ、ロックはこういう真理は「知性のうち」にないと言うんでしょうか？

さあ、どうだろう？　同一律に話を戻せば、確かに動物だって同じ母親の同じ乳房から乳を呑むのだし、同じ巣に舞い戻って餌を同じ子どもたちに与えるのだ。だが、ロックはこういう動物たちは「およそあるものはある」という同一律を知っているわけではないとみなす。これはいいだろう？　だが、いまきみが挙げたような事例を出したら、ロックがどう答えるかはわからない。

こうは言えると思う。ある観念についての完全な知識を有していなければ、その観念は「知性のうち」にないのだとすると、すなわちその者はその観念を「知らない」のだとすると、われわれはほとんどすべての観念を「知らない」ことになろう。これは「知る」という言葉の日常的意味にも、われわれの直観にも反する、しかし、といって「ある観念について どこまで知っていれば、その観念を知っていることになるのか」を定めることは難しい。いや、定めることができるのかさえわからない。ということで、W君、うまく答えられないが……。

W　ロックにおいては、たとえ行為や行動、あるいは身体や体験によって（普通の意味で）「知る」としても、それを言葉によって正確に表現できなければ「知性のうちにある」という意味で「知る」ことにはならない、ということですね？

その通り。少なくとも、そこまではロックに関して言えると思うよ。それでも、やはり「正確な表現」という基準をどのレベルまで要求するか、という難問が生じてしまうけれどね。

正確にわかっていれば正確に言えるはずだ

じゃ、次は段落が変わって「六」に入るが、Aさん続けて読んでください。

六　上述の議論を逃れるため、通常はこんなに答えられる、すなわち、人々はすべて理知を使うようになると、それらの命題を知って、これに同意するのであり、これでじゅうぶんに命題の生得は証明されるのである。〔これに対して〕私は答える。

「六」がこれだけなのは、奇妙な感じがするが、ここから議論はまったく新しい方向へ、ロックの冴えわたる知性が遺憾なく発揮されている箇所に入る。「六」はその玄関口なのだね。まずここで言葉に注意しておかねばならないが、「理知」の原語は「reason」であって、理知といっても主に概念の使用による推理能力のことだ。つまり、ロックはここで（敵の）生得観念論者に自分を守る強力な武器として新たに「推理能力」を手渡す。

生得論者によれば、同一律は魂に印銘されているが、数年（十数年？）のあいだそれが発現することはない。だが、理知＝推理能力がある段階に至ると、その理知の助けによって、子どもは自分の魂に刻み込まれた同一律を発見し、それに同意する。すなわち、彼（彼女）は「およそあるものはある」という命題を（理解して）語り出すというわけだ。

こうした仮想的見解に対して、ロックは批判の矛先を向ける。まさに、W君がさっき言ったように、われわれはロックの「ひとり相撲」に付き合わされているわけだね。

ここらで読み手を替えよう。ええとDさん読んでください。

七　いったい、先入見にとらわれて、自分自身の言うことさえ検討する労をとらない者には、ほとんどなにも意味表示しない疑わしい表現も、明晰な理由として通用するものである。というのは、多少とも許せる意味をもってこの答論を目下の論題に当てはめると、次の二つのことの一つを意味表示しなければならない。すなわち、人々が理知を使うようになるやいなや、これらいわゆる生まれつきの記銘は理知によって知られ、観察されるようになるというのか、さもなければ、人々の理知の使用・行使は人々を援助して、それらの原理を発見させ、これを人々に絶対確実に知らせるというのか、そのどちらかでなければならない。

出だしは硬い訳文だが、内容は乏しくて、「理知」という言葉を導入して説明しようと試みる生得観念論者は、これに明確な意味を付与したいのなら、次の二つしかない。はじめから、ロックはこう宣言する。さて、真ん中辺の「すなわち」以下の文章だが、きみたち、ロックが承認する二つの意味を互いに正確に区別できるだろうか？　ここで、しばらく時間をあげるから、各自考えてごらん？　こうした個所がロックを読むさいに、一番難しいのかもしれない。内容そのものが難しいわけではない。ロックが前提している事柄が、われわれの常識とはかけ離れているので、つかみにくいということなのだが。

さて、誰かわかるかな？　K君、どうだろう？

K　まだ、ちょっと二つの意味の違いがわかりません。両方とも同じことを言っているようで……。

そうなんだ。この文章を読む限り、一見ほとんど違いがないように思われる。もう一度見てみようか。第一の意味は、「人々が理知を使うようになるやいなや、これらいわゆる生まれつきの記銘は理知によって知られ、観察されるようになる」であり、第二の意味は「人々の理知の使用・行使は人々を援助して、それらの原理を発見させ、これを人々に絶対確実に知らせる」というわけだよね。両者をよく見比べてごらん、やはり違いがあるんじゃないだろうか？　T君、どうかなあ？

T　なんとなくわかるんですが、どうも正確に言えなくて、やはりロックの言うように、ぼくは正確に言えないんだから「知らない」んですね（全員、笑）。

ヒントを出すと、われわれ現代人はすぐに言葉の意味をとらえようとしてしまうが、この時代の哲学者は言葉の世界を具体的・映像的な「疑似物体の世界」とみなしている。生得観念論者は、同一律のような生得観念がまさに魂に「刻み込まれている」と考えているのだ。その場合、刻み込まれている観念が自発的に発現する能力を持たないのなら、「他のもの」がそれを助けてやらねばならないだろう、ちょうど植物が芽を出すのを太陽の光や温度や水が助けてやるように。だから、理知が印銘された観念を「引き出す」助けになるとすると、「どのように」助けるのかが大きなポイントになる。それには、二つの仕方があるというのだ。これでどうだろう？　わかったのではないかなあ？

F　大体わかりました。第一の意味は、印銘されている生得観念を理知が直接観察して、それを意識（主体）に報告するという仕方、そして第二の意味は、そうではなくて理知がはたらくようになると、その作用が間接的に生得観念を意識に発見させるという仕方。つまり、理知が魂に印銘された生得観念を直接観察して意識に知らせるのか、それとも理知は生得観念を直接観察しはしないけれど、自らの能力（推理能力）を活動させると、そのことによって生得観念を意識に間接的に発見させるのか、という違いです。

F君、完璧な解答だね。私は何も付け加える必要はないよ。さっき、T君が「正確に言えないんだから、ぼくは知らない」と言ったら、みんな笑ったけれど、いまのF君のすばらしい解答を聞くと、正確にわかっていれば正確に言えるはずだ、というロックの見解は、少なくとも哲学的営みにおいては、真実であるように思われる。だから、さきほどW君が持ち出した疑問に対しては、「正確」の基準がわからないからという理由でペンディングにしておいたが、さしあたりこうも答えられるんじゃないかなあ。

すなわち、観念を「知っている」とは、その観念を言葉によって正確に表現できることだが、その場合「正確か不正確か」という二元論ではなく、さまざまな段階があり、ある観念、例えば同一律に関して、Bの表現はCの表現より正確であるが、Aの表現より不正確である、と言えると思う。そして、論理学や数学、あるいはもしかしたら物理学や他の精密科学の場合は、登場してくる観念に関して、絶対的に正確な言い方がありうるが、他の膨大な観念の場合、いつも相対的な正確さしか言えなくて、絶対的に正確な表現はないかもしれない。

だが、ウルトラ経験論者であるロックは、論理学や数学の特権的明証性あるいは確実性を認めないのだから、絶対的に正確な表現にこだわることなく、すべての知識は相対的な正確さでいいわけだ。

相手の前提から導かれる不合理な結論を示して論駁する

さて、F君がうまくまとめてくれたように、魂に印銘された生得観念を意識へと「引き出す」ために、理知は二つの役割を演じることができそうに思われる。第一に、理知が魂に刻み込まれた生得観念を直接観察して、それを意識に報告する場合だ。ロックは両方ともありえないとするわけだが、まず第一の場合に入る。

じゃ、発言しないEさん、読んでください。

八　〈まず第一、〉もし理知の使用によって人々はそれらの原理を発見でき、これでそれら原理の生得はじゅうぶん証明されるというつもりなら、この議論の進むところはこうだろう。すなわち、およそ理知によって絶対確実に私たちが発見でき固く同意できる真理は、なんでもことごとく、心へ自然に印銘されている、なぜなら、こうした真理の標印《しるし》とされるあの普遍的同意はこういうこと、すなわち、私たちは理知の使用によってそれらの真理を絶対確実に知り、これに同意するようになる、そういうことになるだけだからである。そしてこれでは、数学者の公準とそれから演繹される定理との間に違いはないだろう。すべては等しく生得と容認されなければならない。というのも、全部が理知の使用による発見で、理知を具えた被造物が思惟をその方へ正しく向ければ絶対確実に知るようになれる真理だからである。

ここは、ロックの思考法になれない人にとっては、なかなか難しい箇所だ。訳文が硬いが、前半はあらためて第一の理知の役割、すなわち魂に印銘された生得観念を直接観察し、それを意識に伝えるという役割を要約しただけだからいいだろう。

なお、「普遍的同意（universal consent）」はキーワードでこれまでもよく出てきた。ロックは同一律や矛盾律が人々のあいだに「普遍的同意」をもたらすこと、しかも「絶対確実である」という信念をも呼び起こすことを認める。だが、このことからそれらの観念が魂に印銘されているという意味での生得観念であることは、断じて導けない、こともいいだろう？

問題は、その次の段落だ。ロックは、理知が魂に刻み込まれた生得観念を直接観察して、それを意識に報告する場合、なぜ「数学者の公準とそれから演繹される定理との間に違いはない」という結論を導いてしまうと主張するのだろう？　そして、なぜこの結論はまずいのだろう？　Eさん、わかりますか？

E　全然わかりません。

さっき言ったように、魂に観念が印銘されているというとき、「疑似物体の世界」を思い描いてみる必要がある。きみたち、理知が公理や定理を観察するというとき、どういう映像が思い浮かぶだろうか？　そして、どうしてこの映像は理知すなわち推理能力と矛盾するのだろうか？

K　その場合、公理（公準）も定理も区別がなくなるってことですよね。ロックは、それがおかしいと言っているんですね？　でも、まだロックの論点の要が見えてきません。

そこまで行きついても、わからないかなあ？　じゃ、F君、どう？

F　要点は、理知は推理能力であって観察能力ではないということだと思います。理知が観察能力なら、公理や定理を含めたすべての真なる命題をことごとく観察することもできるでしょうが、理知はもともと推理能力だから、それはできない。そして、ロックには、推理は単純な観念から複雑な観念へと進む、という前提があるんじゃないでしょうか？

つまり、公理から定理へ、そしてさらにそこから導かれる派生的な命題へという順番です。だから、公理と定理がその順番に無関係に同じように観察できるとすると、これは理知本来の推理能力と矛盾するわけです。

いや、F君は驚くほどよく読めるね。なんでそうよく「できる」のかなあ。これは言っておきたいが、T君は慶應大学の大学院に所属しているから知っているだろうが、東大でも慶應でも、こんなによくできる学生はごくまれだよ。だから、きみたち自信を持ってほしい。みんな、じつによくできる。それは、私の教え方がとてもうまいからなんだ（全員、爆笑）。じゃ、次を読んでもらおうか。今度は、Yさん、お願いします。

九　けれども、理知とは（この説をなす人たちの言うところを信じてよいとして）既知の原理もしくは命題から未知の真理を演繹する機能にほかならないとき、この人たちは、生得とされる原理の発見に理知の使用が必要だと、どのようにして考えることができるか。前に言ったように、理知の教えるいっさいの絶対確実な真理は生得だと主張しないかぎり、発見するのに理知を必要とするものが生得だとは、どうしても絶対確実に考えることができない。知性にもともと本原的に彫りつけられてあって、しかも知性が知覚しないうちは知性にあることができないもの、そうしたものを知性に見させるのに理知ないしその行使が必要だと考えてよいなら、目に見える事物を目に発見させるにも理知の使用が必要だと考えてよいだろう。

Yさん、ちょっとはわかりましたか？

Y　いえ、ちょっともわかりません（笑）。

初めの段落は、これまで論じたことを繰り返しただけだからいいだろう？「理知とは既知の原理もしくは命題から未知の真理を演繹する機能にほかならない」とは、概念による推理、例えば三段論法からは、大前提と小前提から論理必然的に結論が出てくる。つまり、ただ、われわれは推理によって大前提と小前提の「うち」にもともとあったものを発見するだけであって、結論に新しい知識は何も付加されていない。

こうしたことを踏まえて、生得観念論者が「生得とされる原理の発見に理知の使用が必要だ」と主張するなら、生得観念はもともと知性の「うち」にちゃんと「ある」のだが、理知の使用によらなければ発見されないことになる。だが、とすると、このことはすべての観念に当てはまるのではないだろうか？　すなわち、どの観念も、もともと発見されずに知性の「うち」にあるという意味で生得観念だということになる。

K　あのう、いいですか？　ずっとなるほどと聞いていたのですが、最後の論法がよくわからないのですが。なんで一挙に「どの観念も」もともと知性の「うち」にあって、理知の使用によらなければ発見できない、という結論になるのですか？　さっき説明を聞いたような気がしますが、やはりわからなくて……。

経験論の前提に立つと、経験によって検証されないものの区別はつかない、よって、ある観念が生得的であれば（これは検証されないのだから）、いかなる観念についても生得的である、と言える。

今度は、ちょっと違った角度から説明してみよう。ウルトラ経験論者であるロックにとって、ストレートに生得観念などという経験を超えたお伽噺は認められない、と主張すればそれで充分なのだが、それでは単なるすれ違いに終わってしまう。そこで、相手の前提から必然的に導かれる不合理な結論を示して、相手を間接的に論駁するという方法を採用する。すなわち、生得観念論から、論理必然的に「すべての観念は生得観念である」という結論を導き出し、この結論は生得観念論者自身が認めないであろう、よって、生得観念は偽りである、という論法を取っている。

なお、これは、カントが『純粋理性批判』のアンチノミーの箇所で採用したものだ。カントは、このやり方では相手の主張を否定できたとしても、直ちに自分の主張を正当化できないという洞察に達したわけだよ。

K　あのう、ロックの方法はわかるのですが、なぜ論理必然的に「すべての観念は生得観念である」という結論になるのかが、まだわからないのですが……。

K君はなかなかしつこいね。これは、哲学をするうえに適性なのかもしれないよ。そうだね、少なくとも、ロックの前提している経験論によれば論理必然的になる。なぜなら、あらゆる知識は経験によって検証されるが、生得観念は経験によって検証されないのだから。この場合、任意の観念例えば「赤」を持ってきて「これは生得観念だ」と言っても、経験による検証は必要ないのだから、そのまま成り立ってしまうのじゃないかね？

ロックは、生得観念論者が、あらゆる観念を、もともと（魂に刻み込まれていて）知性の「うち」にある生得観念と経験に由来する経験観念とに二分することに注目した。その区別が無意味であることをロックが示せば、彼らは「すべてが生得観念である」と主張せざるをえない。そこまで誘導しておいて、「すべては生得観念である」という主張は不合理だと論証すれば、唯一残る真理は、いかなる観念も生得的ではなく、すべては経験に由来するということになるわけだ。

K　ああ、やっとわかりました。ロックって、頭いいですね（笑）。

このくらい頭がよくなければ哲学書の古典として残るわけはないよ。だが、確かにロックの聡明さは、見抜くのが難しい。一見平凡な議論をしているようで、ありとあらゆることを考慮に入れて、堅固で周到な議論を展開している。

「生得観念は理知によって知られる」という説がはらむ矛盾

K君の質問に答えることで、次の第二段落もほぼ説明してしまった。つまり、――前にも出てきたが――ロックは、すべての観念はもともと知性の「うち」にあるが、その発見には理知の使用が必要である、という結論を導いたのち、すぐに眼前の知覚経験に訴えて、「目に見える事物を目に発見させるにも理知の使用が必要だと考えてよいだろう」と逆説的に語り、その不合理を示そうとするのだ。

F　でも、あえて反対してみると、あらゆる認識にはやはり概念が必要なのですから、「目に見える事物を目に発見させるにも理知の使用が必要だと考えてよい」のではないですか？

まさにその通り。われわれの魂には「赤」という生得観念が初めから刻み込まれている。そして、われわれが「赤」という概念＝言葉を学ぶと、その概念＝言葉が「赤」という観念を発見する、というわけで、一応つじつまが合っている。

だが、ここでロックはやはり理知を推理という狭い意味で使っている。だから、生得観念論者といえども、眼前のバラの「赤」を推理しているわけではないと承認せざるをえず、これで議論に勝つと思っているのだ。

こうした議論の延長にある次の箇所など、なかなか興味深い記述だ。Eさん、読んでください。

それゆえ、そんな風に印銘された真理を理知に発見させるとは、理知の使用がある人に前から知っているものを知らせると言うことである。そして、もし人々がそれら生得の印銘された真理を本原的に理知の使用以前にもっていて、しかも、理知を使用するようになるまでいつも知らないとすれば、けっきょく、人々はそうした真理を知ると同時に知らないと言うことなのだ。

どうだろう?

K　ああ、今度はわかりました。理知の使用が観念を発見し、それによってわれわれは真理を知ると主張する生得観念論者は、一方で、われわれは理知の使用以前にすでに真理を知っていることになり（なぜなら理知とはただ生得観念を「発見し意識に報告する」だけだから）、他方で、われわれは理知の使用以前にはまだ真理を知らないと主張している。これは、矛盾だということです。

そうだね。テキストにはそう書いてある。だが、ここでテキストをちょっと修正すると、一方で、われわれは理知の使用以前にすでに真理を「持って」いるが、他方で、われわれは理知の使用以前には真理を持ってはいるが「知らない」ということになり、これは厳密には矛盾ではない。

問題は、「持ってはいるが知らない」真理、例えば、観念としては成立しているが、まだ概念化されていない「赤」を認めるか否かだ。生得観念論者はこれを認めるが、ロックは認めない。ロックにとって、ただ持っているだけで知らない（気がつかない）真理は真理ではないのだ。このあたりが両派の対立の要だろうね。

F　だんだん、生得観念論者のほうが正しい感じがしてきました。

ほほう、それは面白い。とにかく、もう少し続けて読んでみよう。Hさん、どうだろう？

一〇　このさい、事によると、数学の論証やその他の生得でない真理は提出されてもすぐには同意されず、ここにあの公準やその他の生得真理との違いがあると言われよう。提出されるとすぐ行なわれる同意については、やがて〔第四巻第二章第一節で〕もっとくわしく語る機会があろう。ここではただ、しかもごく無造作に、あの公準と数学の論証とは次の点で違うと容認しよう。すなわち、数学の論証を明らかにして、私たちの同意をえるには、理知を必要とし、いろいろな立証の使用を必要とするが、公準は理解されるやいなや、いささかの推理もなしに信奉され、同意されるのである。が、私は同時に言わせてもらうが、このように言うことは、あの〔いわゆる生得の〕一般的真理の発見に推理がすこしも使われないと告白しなければならないから、一般的真理の発見に理知の使用を要求する〔と第六節で述べた〕前記の逃げ口上の弱点をさらけ出すものである。

Hさん、ロックはここで何か新しいことを主張しているだろうか？

H　公準と論証との違いを論じています。公準は「提出されるとすぐに同意される」のに対して、論証はそうではないということ……でも、これ、前に論じていましたね。

そうそう、よく憶えていたね。そして、それはF君がみごとに説明してくれた論点だ。では、質問をちょっと変えてみよう。なぜ、ロックはこの箇所の最後で「一般的真理の発見に理知の使用を要求する〔と第六節で述べた〕」前記の逃げ口上の弱点をさらけ出す」、つまり「生得観念は理知の使用によって初めて知られる」という説の弱点がさらにはっきりすると言うのだろう？

Ｈ　そう聞かれるととたんにわからなくなりました（笑）。

Ｗ　確かに、論証には理知すなわち推理が必要ですが、公準は「提出されるとすぐ同意される」。だから、この場合に理知（推論）の使用が必要だという説は、ますます弱点をさらけだす、ということだと思います。

Ｗ君、なかなかいいね。その通りだ。

さて、憶えているだろうか？　生得観念の擁護に理知を持ち出す人の論法は大きく二つに分かれていて、第一は、「生まれつきの記銘は理知によって、知られ、観察されるようになる」という論法、そして第二に、「理知の行使は人々を援助して、それらの原理を発見させ、これを人々に絶対確実に知らせる」という論法であったが、ここまでで第一の論法を完全に撃退しえたとロックは信じている。

その場合、注意してみると、初めのうちは、すべての観念が理知によって発見されてはじめてわれわれに知られるとすれば、どんな複雑な定理も魂にもともと印銘されていることになって、それでは公準から定理が演繹されるという事実と矛盾する、という側面からの批判であったが、今度は逆に、そうなら同一律のような公準も理知（推理）によってはじめてわれわれに知られることになり矛盾だ、という批判に切り替わっている。

ロックはデカルトとは違った意味で徹底的に物事を見ている

じゃ、W君、もう少し続けて読んでください。

で、このような答論をする者も、「同じ事物《もの》があってあらぬことはできない」という公準の知識が理知の演繹だとは進んで断言しないだろうと思う。というのは、そのように断言することは、それらの原理の知識を私たちの思惟の労作にもとづけるのだから、この人たちがひじょうに好きなように思われる〈生得の記銘という〉自然の恵みをなくすことだろう。なぜなら、およそ推理はすべて探索であり、思いめぐらすことであって、骨おりと専心を要求するからである。で、私たちの理知の根底・案内者として自然に印銘されたものが、これを発見するのに理知の使用を必要とするとは、いったいどうすれば多少とも許せる意味をもって想定できるのか。

ここは、もういいだろう？　理知は推論であって、「思惟の労作」であって、「探索」であり「思いめぐらすこと」であって、「骨折りと専心を要求する」ということが、ここで初めてはっきり書かれている。だが、われわれは同一律をこうした仕方で同意するわけではない、よって間違いだと結論することができるのだ。

そして、次の一一から、ロックは、第一の論法を撃退しても、第二の論点に逃げ込む人もいるだろうからとして、これに対する批判を開始する。第二の論法とは、理知（推理）が自ら生得観念を直接に発見するのではなく、何か（X）を援助してそれを間接的に発見させるという論法だ。一一は、ただそういう論法があっても「まったくの虚偽であり、また、かりに真だとしても、それらの公準が生得でないことを証明するもの」と予告するだけであって、具体的な論証は一二以降で実行している。

何も内容がないが、とにかくW君、読んでください。

一一　およそ知性の作用をすこし注意して内省する労をとろうとする者は見いだすだろうが、ある真理へこのように心が即座に同意することは、生まれつきの記銘にも理知の使用にももとづかなくて、のちに〈第四巻第七章第二節で〉見るように、このどちらともまったく違う心のある機能にもとづくのである。それゆえ、上に述べた公準に私たちを同意させるのに理知はなにもしないのだから、もし人々は理知を使うようになるときそれら公準を知って、これに同意するという意味が、理知は私たちを援助してそれらの公準を知らせるというのであれば、まったくの虚偽であり、また、かりに真だとしても、それらの公準が生得でないことを証明するものだろう。

第二の論法に対するロックの批判は次回に検討する。また、さっき読んでもらった箇所にも「やがて」とあったが、ロックは議論の途中で「のちに」と書く癖があるが、それはそのときに扱うことにしよう。というわけで、どうだろう？　ちょっと感想を聞いてみようか？　W君、初めにロックを「ひとり相撲」とけなしたけど同じ印象かな？

W　いえ、少し変わってきました。なかなか目配りの利いた粘り強い論争家だと思います。

そうだねえ、デカルトとは違った意味で徹底的に物事を見ているね。あと、どう？

K　ぼくも同じで、初めのうちはなんだか素朴で自分勝手な議論に見えましたが、だんだんすごく強靱な思考だなあって感心しました。

F　ぼくはむしろ逆です。初めは面白かったけれど、だんだんその手のうちが見えてくると、これから言うことも予測できて単純すぎるなあって感じです。ちょっと言いましたが、すべては学習によって経験的に学ぶしかないのですが、その能力はある意味で生得的だ、という道も可能なのではないでしょうか？

まさに、それこそカントが歩み出す道だ。F君は知っているだろうが『純粋理性批判』の緒言において、カントは次のように言っている。

だが、たとえすべてのわれわれの認識が経験とと
ともに
(mit) 始まるにせよ、だからといって、それらがすべて経験か
から
(aus) 発するわけではない。

まあ、こういう折衷論もまた難問を引き起こすのだけれど……それはまたの機会に議論しよう……という言い方はロックみたいだね（笑）。

「哲学塾　カント」。ここが知的鍛錬の道場となる

第二講　カント『プロレゴメナ』

イマヌエル・カント（Immanuel Kant, 1724-1804）

プロイセン（ドイツ）の哲学者。大陸合理論とイギリス経験論の流れをくみ、「三批判書」（『純粋理性批判』『実践理性批判』『判断力批判』）で批判哲学を提唱する。ドイツ観念論哲学の祖とされ、その超越論哲学の枠組みは、以後の西洋哲学に強い影響を与え続けている。著書に『形而上学の夢によって解明された視霊者の夢』『啓蒙とは何か』『人倫の形而上学の基礎づけ』『永遠平和のために』『人倫の形而上学』『論理学』『教育学』等。

『プロレゴメナ』（*Prolegomena zu einer jeden künftigen Metaphysik, die als Wissenschaft wird auftreten können*, 1783）

『純粋理性批判』への批判に対して著された、同書の骨子を平易に論述して形而上学成立の諸前提を提示する、カントによる理論哲学の入門的注釈書。原題は『およそ学として現われ得る限りの将来の形而上学のためのプロレゴメナ（序論）』だが、通常『プロレゴメナ（プロレゴーメナ）』と略される。

〈テキスト〉

『プロレゴメナ』篠田英雄・訳　岩波文庫（岩波書店、一九七七年）

〈参加者〉

A（家庭の主婦、五〇代）
F（物理学科の大学院を出た塾講師、男、三〇代）
G（医者、男、四〇代）
H（哲学科の学生、女、二〇代）
I（数学科を出てIT系企業に勤める男、三〇代）
K（哲学科の学生、男、二〇代）
M（高校教師、男、五〇代）
O（出版社勤務、女、四〇代）
S（IT企業の社長、男、三〇代）
T（哲学科大学院の学生、男、二〇代）

「直観に与えられたもの」って一体何なのだろう？

今日はなかなか読み取りにくいところだから、ゆっくりやっていこう。岩波文庫の七〇ページ第一〇節のはじめからだよね。じゃ、K君読んでみて。

我々は、感性的直観の形式によってのみ物をア・プリオリに認識できるのである、しかしまた我々は、この直観形式によって対象〈物〉をそれ自体あるがままに認識するのではなくて、これらの対象が我々（我々の感官）に現われ得るままに認識するにすぎない。

さて、今日から参加する人は、AさんとGさんだよね。さっき聞いたらカントを読むのは今回はじめてということだから、わかるはずはない（二人ともうなずく）。それに、最近入塾したMさんとOさんとSさんもわかるはずがない（三人ともうなずく）。この五人は、いま読んだ文章が日本語であることだけはわかるけど、まったく何が問題なのかさえわからないに違いない。でも、この本は三年前から読み始め、そのときから参加している人もいるんだから、残念ながら、初心者五人に合わせるわけにはいかない。ところで、三年前からいるのは、F君とK君の二人だけか。でも、哲学科の学生であるHさんやT君は、途中参加だけど、ある程度わかっているはずだ。そして、数学科を卒業したIさんは、カントの単純な思考に反発を覚えるかもしれない。

初心者は、初めの数回は私の質問やそれに対する経験者の答えなどをよく聞いて、だんだんわかってもらうしかない。といっても、じつは問題にしているテーマは普通に生きていれば、中学生にもわかることばかりだ。

いま読んでもらった個所は二つの文章から成っているけれど、初めの文章「我々は、感性的直観の形式によってのみ物をア・プリオリに認識できるのである」において、カントは何を言いたいんだろう？　K君に説明してもらおうかな。

K　われわれは、時間と空間というわれわれにもともと具わっている直観形式によって、物をア・プリオリに認識するということです。

K君はよく理解していると思うが、その答えはただカントの原文をちょっと変えて繰り返しただけじゃないか。「説明してくれ」と私が要求するときは、もっと具体的に、できれば初心者にもわかるように説明しなければならない。たぶんさっき言った初心者五人は全然わからないと思うよ（五人ともうなずく）。

「直観形式」を時間と空間と言い換えてくれたことは正しいのだが、「直観形式」って一体何だろう？

K　空間と時間は、ニュートンが考えたようなそれ自体としてあるもの、つまり絶対空間や絶対時間ではなくて、われわれ人間にとってあるにすぎないものだと思います。

それはそれでいいのだけれど、じゃなんでそれが「直観形式」なんだろう？

K　人間の感性の形式だから。

それじゃ答えになっていないよ。じゃあ、感性と直観とはどう違うの？　T君、どうかな？

T　感性というのは与えられたものをとらえるわれわれの心的能力で、直観とは個別的な対象をとらえる仕方だと思います。

そうだね。優等生的な答えだ。じゃ、「与えられたもの」って一体何なのだろう？　そして、「直観形式」もまだわからないよね。カントのお決まりの定式によると、直観に与えられたものに概念を適用することによって対象の認識が成立する。つまり、この場合、対象は物理学的対象すなわち物体とみなしていいから、単に概念で思考することは物理学的対象を認識することではない。

これはいいだろう？　私は「竜宮城」も「バベルの塔」も思考することはできるが、だからといって直ちにこれらを物理学的対象として認識しているわけではない。物理学的対象を認識するには何より知覚が必要だ。それは、いつかどこかに現にある対象でなければならない。

ここまで私が導いてきたんだから、誰かうまく答えてほしい。もう一度聞く、「直観に与えられたもの」って何だろう？

―まだ物理学的対象じゃないけれど、その前にある何かですか？

Iさん、なかなかいいね。そうだ、いつかどこかにあるもので、それを概念化すれば、例えば実体=属性のカテゴリーを適用して「犬が走っている」と判断できるけれど、そう判断する前の何かだ。

カテゴリーとは何か、説明すると大変だが、ここではさしあたり夢でも幻でも単なる思い込みでもない客観的な物体すなわち物理学的対象を成立させている最も基本的な条件と言いかえてもいい。例えば、一匹の犬が物体であるなら、それは、必ず延長していなければならないし（量のカテゴリー）、何らかの実在性の程度がなければならないし（質のカテゴリー)、主語で表される一つのもの(犬)が述語で表される何らかのふるまい(走っている)をしなければならず、さらにそれは世界の中で孤立してあるのではなく、さまざまな他の物と因果関係や相互関係のうちになければならない(関係のカテゴリー)。

わかっただろうか？　難しそうに思われるが、じつは現に存在する物を現に存在しない物と区別するための指標であって、誰でも知っていることだよね。これは何度も説明した。だから、新参加者以外はもうわかっていなければならない。

ーでも、夢の中でも「犬が走っている」ことがあるんじゃないですか？

そう、その一瞬の光景を描写すればね。でも、夢は覚める。覚めてから周囲の状況を眺めれば必ず夢の中の光景はそれらと齟齬《そご》を来《きた》す。

ーでも、覚めてからの現実と全然矛盾しない夢もあるんじゃないですか？

話が逸れていくようだから適当なところでやめるが、論理的にはそうだ。でも、単なる個人的な確かめ方(端的な記憶)ではなく、あらゆる面から確かめて矛盾がなければ、それは「現実だった」と言わざるをえない。昨夜遅くまで居酒屋で酒を飲んでそのまま つれる足で帰宅したが、どこまでが夢か現実かわからない。だが、単に個人的な記憶によるのではなく、推理や他人の証言や証拠によって、われわれは夢か現実かを区別している。そのさい最もベースになる条件がやはり因果関係や相互関係という他のさまざまな物との関係じゃないだろうか？

さて、何を議論していたのだっけ？　そうそう「直観に与えられたもの」って何だろうという話だったね。Ｉ君が、それは「まだ物理学的対象じゃないけれど、その前にある何か」だと言った。とはいっても、それは全然神秘的なものではないし、単なる理論的構成物でもない。一匹の犬が走っている様をよく見てごらん。そこには、ある特定の絶え間なく変化する複雑な現象が生じているだけだ。そこには、断じて「犬」という主語に当たるものと「走っている」という述語に当たるものとが、すっぱり区切られているわけではない。われわれが「犬が走っている」と概念化してとらえているだけだ。

だが、いったんこの概念化が成立すると、眼前の現象はもともとそう区切られているように見えてくる、「犬が走っている」という主語＋述語による表現が自然に見えてくるんだね。だから注意深く現象を観察しなければ気がつかないのだが、やはりそこには「犬が走っている」というふうに概念化される以前の何かが成立しているとみなさねばならない。

確かに、「犬が走っている」は眼前の複雑な光景を正確に描写していない感じがするが、とはいえわれわれは同じ現象を観察して「犬が眠っている」とも「猫が走っている」とも判断することはできない。われわれの概念化は自由自在にできるわけではなく、何かによって制約されている。それが「直観に与えられたもの」というわけだ。

次に、「直観形式」とは何かに進む。カントは何でも形式と質料とに分けて考えたが、このペアを使って以上のことを繰り返せば、われわれにはわれわれの「そと」から質料が与えられ、それにわれわれがもともと「うち」に具えている形式を当てはめて、物体を認識する。その場合、質料とは直観に与えられたもの、形式とは時間と空間それにカテゴリーというわけだ。

じゃ、カントがここでわざわざ「感性的直観」というふうに「直観」の前に「感性的」という形容詞をつけているのはなぜだろう？

K　「知的直観」ではないという意味です。

そう、その通り。じゃ、K君、「知的直観」って何か、具体的に説明してくれないか。

K　時間と空間という経験を超えてあるもの、例えば神を直観することです。

これもその通り、カントはこうした直観を否定したが、シェリングやショーペンハウアーなど、これを認める哲学者は少なくない。じゃ、神を知的直観するってどういうことだろう?

K　神を概念によってではなく直観によって直接とらえることです。

それは正しくないね。神を周囲の物体のように概念と直観という異なった能力によってではなく、一挙に両者を兼ね備えているような一つの能力である知的直観によってとらえること、すなわち認識することだ。こういう特権的認識をカントは認めたくなかった。すると、われわれは神について「神は完全である」とか「神は無限である」と思考することはできるが、これらには直観が欠けているから、認識ではないという結論が出てくる。

I　ちょっと話が逸れるかもしれないけれど、いいですか?　カントは紙の上に描かれた三角形ばかりか、純粋な幾何学図形としての三角形も直観できるって考えていますよね。その場合、純粋な三角形は感性的に直観できないから、これって知的直観とどこが違うんですか?

ああ、I君、とてもいい点に気づいたねえ。みんなに聞いてみよう。どうだろう？　カントは知的直観を否定した。ということは、われわれ人間の直観には感性的直観しかないということだ。つまり、（時間的に）いつか、そして（空間的に）どこかにある物を知覚する場合しか認めないように思われる。

だが、幾何学図形としての純粋な三角形は明らかに知覚されない。さらに、それはいつか、どこかにあるものではない。でも、カントは幾何学図形としての純粋な三角形は神と違って認識できると考えた。どうして、こうした区別が可能なんだろうか？

H　純粋な三角形は空間という純粋直観のうちに「ある」からじゃないですか？

そう。だが、問題は純粋直観のうちに「ある」とはどういう意味かということだ。多くのカント研究者も、この辺りはそんなに詰めて考えてはいない。純粋直観のうちに「作図できる」程度で思考を停止してしまっている。でも、カントはきわめて具体的にこのことを考え抜いたのだ。K君かT君、どう？　「綜合」の話につながるんだけど。

K　純粋綜合と経験的綜合の話ですか？

そうだ。T君、説明してくれないか?

T　われわれがノートに三角形を作図するとき、それは歪んだ三角形だけど、同時にわれわれは純粋な三角形を作図しているのです。前の綜合が経験的綜合、後の綜合が純粋綜合だと思います。

T君の頭はよく整理されているねえ。他の人もいいだろうか? われわれは、部分から部分をたどっていくような仕方でしか三角形を作図できない。この作用をカントは「把捉(Apprehension)」と呼んで(篠田訳では「覚知」となっているが、ここでは最近の学界の統一的訳語に従って「把捉」とする)、われわれ有限な存在者が認識する場合の最もベースにある作用だと考えている。つまり、われわれはプラトンの主張するように、純粋な三角形を一挙に直観する(想起する)わけではないのだ。

直観は、対象を部分から部分へと把捉する感性的直観と一挙に対象を直観する知的直観とに分かれる。そして、純粋直観である三角形をとらえる仕方(純粋綜合)でさえ、やはり部分から部分へと把捉する作用なのだから、感性的直観であって、知的直観ではないのだ。

以上のことを確認したうえで、聞いてみようか? 三角形を作図するとき、Y君がさっき言ったように、純粋綜合と経験的綜合とが「同時に」成立している。さて、その場合「同時に」ってどういう意味だろう？

T　経験的三角形を描いているとき、同時に純粋な三角形を描いているとみなすことです。

さっきのことを繰り返しただけじゃないか。いや、いま「みなす」って言ったね。確かに、われわれはノートに現に純粋三角形を描くことはできないからね。じゃ、その「みなす」ってどういうこと？

T　「思考する」ということですか？

大森荘蔵はそう考えた。経験的三角形を描くときに、純粋三角形という「思い」を込めてそう描くというわけだ。でも、これも単純すぎる。別の角度から考えなおしてみよう。カントは、プラトンのイデア説のように、純粋三角形が「ある」特別な場所を設定しない。しかも、純粋三角形は、空間的に広がっている幾何学図形なのだから単なる概念ではない。とすると、答えの方向は一つしかない。

純粋三角形はこの物理学的空間のうちに「ある」のだ。実際、カントは空間として物理学的空間一つしか認めない。幾何学的空間という特殊な空間がそれと独立にあるのではなくて、幾何学的空間とは物理学的空間のある「あり方」にすぎない。それは、物理学的空間から全質料を取り去った空間だ。

― 先生、いいですか？ 全質料を取り去っても、なんでそれが延長していると言えるんですか？ ニュートンの絶対空間なら、全質料を取り去ってもそれ自体として「ある」から延長していることはわかるんですけれど。

そうだよね。カントは空間とはわれわれがとらえられる限りの空間であって、単なる概念ではないというけれど、何も内容を含まない空間が三次元に広がっていると言っても、単なる概念のような感じがする。だんだん難しさがわかってきたろう。

この辺りカントは相当苦労している。幾何学をフィクションではなく実在的な学問として認める限り、純粋な幾何学図形もフィクションではなく実在的なものと認めざるをえない。そうすると、幾何学図形が描かれる空間もフィクションではなく実在的でなければならない。だから、カントは「純粋直観」という概念を導入したのだ。それは、何も物理的対象がなくても広がっている。

カントはある個所で「純粋な多様」という言葉を使っている。何の物理学的な質料（物質）もないけれど、そこに幾何学図形を描くことができるような空間は、純粋な多様という質料だけをもって広がっているのだ。

I　なるほど。でも、それってトリックみたいですね。

哲学の議論が概して素人にわかりにくいのは

ああ、いまきみはいいことを言ったね。哲学の議論が概して素人にわかりにくいのは、何をいま問題にしているかわからないからだ。なぜMという議論のあとにNという議論が来るのか、そして、なぜ、そんな些細な問題にこだわるのか、わからない。紙の上の三角形と純粋三角形の関係だってどうでもいいように思われてしまう。

Iさん、そうだろう?

I　はい、なんでそんなこと問題にしなければならないのか、わかりません。

Iさんは正直だね。哲学の議論は無前提でなされているのではない。哲学的真理って誰でも真剣に考えてみれば自然に到達するような種類のものではないんだ。いまの場合も、一方でユークリッド幾何学が成立している。そして、その幾何学を使用して、現実の物理空間で高層ビルを建てたり人工衛星の軌道を計算したりしてうまくいく。このすべてがフィクションであるとは考えにくい。とすると、ユークリッド幾何学の対象である図形も物理学の対象である物体も、夢や幻覚や想像物より「実在的なもの」と考えるほうが、ずっと合理的だ。

幾何学の場合は、先にあげたイデア論もあるし、そのすべてが記号体系にすぎないという見解もあるが、カントは幾何学が物理空間でうまく適用できるからには、それ自身実在的でなければならないと考えた。こうした前提から、「幾何学的図形の実在性を確立するにはどうしたらいいか？」という問いが生まれ、その答えが生まれてくるのだ、「純粋綜合」とか「純粋直観」とか「純粋な多様」という概念は、そのために持ち込まれたものにすぎないんだよ。

G　とすると、それらは単なる説明のための道具なんですか？

ドライに言うとそういうことになるだろうね。例えば、フッサールはこう断じ、それらはまったく明証的ではない、としてカントを批判した。でも、それも単純すぎるね。明証的なものだけで、理論を作り上げることができるかというと、とてつもなく難しいものになるか、あるいは哲学は不可能かもしれないからね。フッサールはそれを実行しようとしたが、到底うまくいったとは思われない。

例えば、机の上の丸いお皿を見て、われわれは「このお皿は丸い」と判断するが、この判断における述語「丸い」は正確には幾何学図形としての円ではないから、この判断は偽だ、というわけではないだろう？　そうすると、われわれが日常的に下す「丸い」とか「四角い」とか「三角形である」という判断は、ことごとく偽になってしまう。だが、それはこうした幾何学的概念を含む判断がうまく機能しているという事実に合わないね。

そこで、カントは概念としての「円」（これは全然丸くない）と丸いお皿とをつなぐ「第三のもの」としての「円の図式」というものを考えた。これは幾何学的円と同じだと言ってもいいが、むしろカントが注目したのは円を描く普遍的仕方とでも言えるものだ。「直径五センチメートルの円を描け」という作図題を出されると、「直径五センチメートルの円」それ自身は概念に過ぎないのに、われわれはそれをノートに描ける。概念そのものは丸くないのに、われわれは空間において丸い図形を描けるのだ。とすると、われわれには概念を空間図形に転換する作図能力（カントは「構想力」と名づけた）があるに違いない。

これは単なる「第三のもの」ではない。「直径五センチメートルの円」を作図する場合、われわれはずいぶんたくさんのことを知っている。

（1）作図するには例えば鉛筆、コンパス（ないし糸）そして紙が必要だが、そこに描かれた円は鉛筆や紙という質料を除去（もちろん思考の中でしか除去できない。これを哲学では「捨象」という）したものである。

（2）そこに描かれた円は厳密には正しくなく歪みがあるが、それを厳密な円とみなす。

この二つはいままで述べたことから導かれるからいいだろう？　でも、この二つにさらに重要なことが付け加えられねばならない。誰かわかるかな？　I君、どうだろう？

I　どうも、さっきからカントの思考法そのものについていけなくて……。

じゃ、F君。

F　その円は「そこ」に作図されましたが、「直径五センチメートルの円」は「そこ」に描かれなくてもいい、ということですか？

ブラボー、F君、素晴らしい。その通りだ。作図は「どこか」にしなければならない。だが、概念それ自身は「どこか」にあるものではない。そして、ノートに鉛筆とコンパスで作図した図形は物体だが、「直径五センチメートルの円」という幾何学図形としての円は「そこ」にある必要がないという意味で特定の場所を捨象するのだ。

同じように、私は「直径五センチメートルの円」を「さっき」作図し、それには二分ほどかかったが、こうした時間も捨象されることはわかるだろう。

こうして概念と図形との「あいだ」にどのような関係があるのかはずいぶん議論されてき

た。ロック、バークリィ、ヒュームはそれぞれ違う答えを出している、そのことをフッサールは『論理学研究』の中で細かくフォローしているよ。

私がなんでこんなに時間をかけてこのことを説明しているかというと、とくに今日来た五人の新人に哲学とは何かを知ってもらいたいからだ。これが哲学なのだ。当たり前で、ほとんどの人が通り過ぎてしまう細かい問題にとことんまで厳密な言語を駆使して追いすがり、けっしてあきらめないで論理的に整合的に解決しようとする態度に基づいている。だから、はっきり言うけれど、どんなに人生に悩んでいても、どんなに問題意識があっても、こういうことが苦手な人には哲学は向いていないだろうね。

「ア・プリオリ」「必然的」「因果律」って何だろう

さて、カントの原文から逸れたようだから、この辺りでもう一度七〇ページの第一〇節の初めの文章を見てごらん。「我々は、感性的直観の形式によってのみ物をア・プリオリに認識できるのである」とあるね。ここで残しておいたもうひとつの重要なタームについて検討しなければならない。「ア・プリオリ」って何だろう？　Hさん、哲学科の学生なら知っているだろう？　なるべく易しく説明してくれないか？

H　経験から独立という意味ですか？

じゃ、神も永遠不滅の霊魂もア・プリオリになってしまうじゃないか。ア・プリオリも多義的だが、それでは少なくともカント認識論の基本的用法に沿っていない。いまHさんが言ったのはア・プリオリの一側面であって、あとの側面は、「経験を可能にする」という意味だ。むしろ、経験を可能にするということが第一の性格だろうね。経験を可能にするものは、それ自体経験の「うち」にあってはならない、それは経験の「そと」になければならない、このことが自然に導かれるからだ。じゃ、何かがア・プリオリであればそれはどんな特徴を持っているのだろう？　二つ挙げてくれないか？

K　一つは普遍性です。

そう。例えば、三角形の内角の和が一八〇度であることも、自然現象には何らかの（自然現象としての）原因があることも、いつでもどこでもいかなる場合でも、普遍的に成立していなければならない。じゃ、もう一つは？

K　………。

「必然性」だよ。こちらのほうが難しいかもしれない。「必然的」って一般的に何だろう？

K　その反対が矛盾になることです。

そうだね。三角形の内角の和が一八〇度でないことは矛盾だということ、すなわち、三角形の内角の和は一八〇度以外にありえないこと。それだけが唯一の真理だということだ。自然現象であって、それに（自然現象としての）原因がないことは、矛盾だということだね。

I　でも、非ユークリッド幾何学では、すなわち球面ではそうではないこともありえますよね？

そうだね。凸レンズ型球面なら、一八〇度以上になるし、凹レンズ型球面なら一八〇度以下になる。だから、この例はカントのア・プリオリから外さねばならないだろうね。といっても、ア・プリオリというターム自身が無効になったわけではない。これについては、ストローソンやクリプキなど分析系の哲学者が精緻な議論をしているが、いまは立ち入ることをやめよう。

じゃ、因果律はどうだろう？　物理学にも、いつか非ユークリッド幾何学のようなものが成立して、自然現象であるけれどまったく（自然現象としての）原因がないものが発見されるのだろうか？　われわれは確かに、現在なおさまざまな疾病の原因を知らない。でも、それはまだわれわれの科学的技術的知識が低いから知らないだけであって、それが進歩すれば原因を突き止められるであろう、との思いは強い。だが、どこまで探求しても、原因が（突き止められないのではなくて）もともと「ない」疾病が発生している、とは考えにくいよね。

I　でも、それもありうるんじゃないですか？

そうかもしれない。だが、世界中の科学者が探求してもある自然現象（例えば、難病）の原因がわからない場合、われわれは、「ついに原因がない自然現象が見つかった」と主張しないで、どこまでも「原因はあるのだが、わからない」と主張し続けるのではないだろうか？　その限り、われわれは経験に先立って、すべての自然現象に因果律を認めているのではないだろうか？　これについて何か意見や質問あるかな？

K　それは、なぜかはわかりませんが、確かに先生の言う通りのような気がします。他の質問でもいいですか？　あのう、前から気になっていたんですが、「ア・プリオリ」と

「純粋（rein）」は、どう違うんですか？

同じ意味で使われることが多い。でも違いも確かにある。「ア・プリオリな綜合判断」であって「純粋綜合判断」とは言わず、「純粋統覚」であって「ア・プリオリな統覚」とは呼ばないなど、さまざまだ。そのすべてを完全に説明はできないけれど、ア・プリオリはもともとラテン語の「より先から（a priori）」であって、「より後から（a posteriori）」と対立する。だから、言外にア・ポステリオリという手続き上の「より後」を意識して、「より先」という意味を含んでいる。

それに対して「純粋」は「経験的」という概念と対立し、その内容に質料的なものを一切含まないということがポイントだ。純粋直観としての空間とは、幾何学的空間のように、その内容に一切の質料的なものを含まない空間という意味であり、純粋統覚とはその内容に質料的（生理学的・心理学的）なものを一切含まない統覚だという意味だよね。

実際には、ほとんどの場合、両者が重なってしまうから混同してしまうのだが、次の例はカント自身が挙げているものでわかりやすい。「1＝1」はア・プリオリな判断であって、かつ純粋な判断であるけど、「猫＝猫」は同じくア・プリオリな判断だが、その判断の内容に「猫」という経験的なものが含まれているから、経験的判断なのだ。つまり、「猫＝猫」はア・プリオリであっても経験的判断というわけさ。まあ、どうでもいいかもしれないけれど、カントのこだわりを知る意味では興味深い例かもしれない。

自分の頭でさらに考えねばならない

じゃ、このあたりで次に進む。引用文の終わりの部分だが、「対象〔物〕をそれ自体あるがままに認識するのではなくて、これらの対象が我々（我々の感官）に現われ得るままに認識する」とはどういうことだろう？

H　われわれの認識の対象は物自体ではなくて現象だということです。

Hさんは法政大学哲学科の学生だよね。なかなかよく勉強していて「教科書的な答え」がさっと出てくるが、それが何を意味するか、自分の頭でさらに考えねばならない。いまの答えは、さっきの部分を単に専門語に訳しただけだろう？　私が聞いているのは、「対象をそれ自体あるがままに認識する」とはどういうことで、「対象が我々に現われ得るままに認識する」とはどういうことか、だ。

K　われわれが認識するのは、人間の認識能力ではとらえられない神のような対象ではなくて、人間の認識能力でとらえられる物理学的物体のようなもの、という意味です。

そう、でも、そういう区別の根拠はどこにあるんだろう？

K　神は時間・空間を超えたものだから認識できないのですが、物理現象は時間・空間の内にあるから認識できるんだと思います。

このあたりがカント「とともに」哲学をしているか、それともカント「について」哲学しているかの境目だ。K君、私がきみに聞いているのは、時間・空間を超えたものは認識できないという権利を、カントは何によって得ているのか、ということなんだが。

K　それはカントがそう決めたからじゃないですか？

そういうおざなりの答えじゃ、ダメだよ。なんでカントはそう決めたんだろう？　彼が認識のモデルを数学的認識や物理学的認識に求めたのは、かつての形而上学的存在者である神や不滅の魂に関する判断を「認識」から排除したかったからだ。そのために、まず数学的認識や物理学的認識が可能になるための条件を決め、次にその条件に照らし合わせて神や不滅の魂を認識ではないと断言した。このすべては、「何を認識としたいか」という欲望に基づいている大掛かりなトリックともみなせるかもしれないが。

K　ええ。経験の可能性を決めてから認識の対象領域である可能な経験を決めるという方法ですよね。

そう、よくわかっているじゃないか。これは一種の循環なのだが、それにもかかわらず、この循環を支えている（無効にしない）のは、ユークリッド幾何学やニュートン力学の成果であるように思う。「認識（episteme）」とは古代ギリシャ哲学以来、実在的な対象を正しくとらえることなんだが、何が実在的なものであるかは、無前提には決まらない。よって、カントが実在的なものを幾何学や物理学の対象に限定したが、彼にはそういう権利はない。よって、循環が残る。一般的に言って、デカルトのように直観によるのでなければ、思弁（概念）だけによって無前提的に絶対確実なことを語ることはできないってことだ。

物質が「ある」ことはカントの認識論のどこからも出てこない

では、次の文章に進む。Hさん、読んでくれないか？

もしア・プリオリな綜合的命題の可能が認められるとすれば、或いはかかる命題が実際に見出された場合に、その可能性が理解せられ、また前もって規定されるとすれば、上記の前提は絶対に必要である。

「上記の前提」とは、認識の対象が物自体ではなくて現象であるということだ。なぜ、この前提がア・プリオリな綜合的命題が可能であるためには絶対に必要なんだろうか？　その前にア・プリオリな綜合判断とは何か、説明してもらおうか。Hさん、ア・プリオリについてはさっき論じたから、綜合判断って何か説明してくれないか？

H　確か、主語概念の中に述語概念が含まれていない判断だと思います。

その通りだが、「含まれていない」とはどういうことだろう？

H　…………。

これは、後にクワインやクリプキなどが異論を出したところだが、少なくともユークリッド幾何学に沿って考えると、わかりやすい。「三角形とは三つの角からなる図形である」という判断は、主語概念である「三角形」を眺めてみれば、そこに述語はすでに含まれている。主語を分解＝分析すればそのまま出てくる判断だ。

それに対して「三角形の内角の和が一八〇度である」という判断が真であることは「三角形」という主語概念には含まれていない。この概念をどんなに眺めても出てこないのだから。われわれは、純粋直観である空間という主語概念（三角形）の「そと」に出て、三角形を作図して検証するほかないのだ。

Ｉ　幾何学の場合はわかりました。でも、物理学の判断もア・プリオリな綜合判断であることがよくわからないんですが……。

まず、物理的判断が分析的ではなく綜合的であるというのはわかりやすい。例えば「あらゆる（自然）現象には何らかの（自然）原因がある」という判断において、明らかに、主語（現象）概念の中に述語概念（原因）は含まれていないのだから。

だが、これがア・プリオリであるということは、わかりにくい。物理学的対象は物質であり、物質は純粋直観としての空間とは異なって、まったくわれわれに与えられたものだ。それを含むものに関する判断がア・プリオリであるとはどういうことなのか？　Ｉ君はそう問いたいのだろう？

━ はい、そうです。

物質的なものに関しても、経験論を排除してア・プリオリなものを認めるには、離れ業を演じなければならないが、カントは次のようにこれを演じた。因果関係のカテゴリーはわれわれの悟性の「うち」に起源を持つ。だが、それは推論式ではなく、現象間の関係を意味するのだから、時間的に先なる現象（原因）が時間的に後なる現象（結果）を「引き起こす」という関係でなければならない。

そして、カントによれば時間もまたわれわれの感性の「うち」に起源を持つのだから、時間的先後関係自体も経験（知覚）によらないア・プリオリな純粋直観であることになる。

ここからはちょっと込み入っているが、カテゴリーとこの時間的先後関係の融合したものは、「因果関係の図式」すなわち「超越論的時間規定」の一つと呼ばれる。すなわち、いかなる物理学的現象にも、それに時間的に先行する何らかの物理学的現象が原因としてなければならない。この判断は、経験によらないからア・プリオリであり、もちろん時間・空間という概念の「そと」に出なければならないから、綜合判断というわけだ。

━ でも、物質との関係はどうなったんですか？　いまの説明、ぼくはあまりよくわからなかったけれど、それを認めたとしても、カテゴリーと時間・空間との関係に留まっているように思うんですけど……。

ああ、I君は手ごわいね。まさにその通り。「図式」を持ち出しても、カントはカテゴリーと時間・空間との関係を確立しただけであって、物質の問題にはまったく触れていないと思うよ。

物質が「ある」ことはカントの認識論のどこからも出てこない単なる想定だ。それをどう扱うかは、カントにとって最大のアポリア（難問）だったのだ。そして、ごまかしなく考えれば、これは最後までアポリアとして残るように思うよ。晩年になって、彼はこの問題に取り組むが、超越論的観念論の基本構図からして物質の存在はどうあがいても処理できないと思う。

ところで、いま議論している文章の出だしに注目してもらいたい。カントは「もしア・プリオリな綜合的命題の可能が認められるとすれば」われわれの認識の対象は物自体ではなく現象でなければならない、と言っている。このつながりを説明してくれないか？　つまり、カントはア・プリオリな綜合的命題が可能でない場合を考えているのだろうか？　K君、どうだろう？

K　そうではないと思います。カントは、さっき先生が示してくれたように、ユークリッド幾何学やニュートン力学のうちにア・プリオリな綜合的命題が「ある」ことを認めたうえでそうだとすると、われわれの認識の対象は現象でなければならないことになると言いたいのだと思います。

それでいいのだけど、じゃ、どうしてア・プリオリな綜合判断が認められれば、認識の対象は現象でなければならないのだろうか？

K　ア・プリオリな綜合判断は、われわれ人間の悟性の形式であるカテゴリーや感性の形式である時間・空間のうちにあるものだけ、すなわち現象だけに関わるからですか？

また「ただの言いかえ」をするというK君の癖が出たね。私が聞いているのは、それは一体どういうことなのか、なんだが。

じゃ、質問を変えてみよう。カントにとっては、この自然にア・プリオリな綜合判断が認められることと、この自然が「現象」であることは不可分の関係にある。もし、自然が物自体だったら、そこにはア・プリオリな綜合判断は成立しない。そうすると、幾何学と物理学を可能にするような新しい形而上学も崩壊する、すなわち一切が灰燼に帰するのだ。なんで、こんなことになるんだろう？　Hさん、どう？

H　ぼんやりとしかわからないんですが、因果関係がア・プリオリな綜合判断ではなくてヒユームの言うように、ただの「習慣」だとすると絶対的に確実なものはなくなり、明日、自然が崩壊してもかまわないことになる……ということですか？

いや、そういうことではないよ。自然がわれわれの心的能力から独立にある物自体としてみよう。それでも、ユークリッド幾何学やニュートン力学は同じように絶対確実なものとして成立していると考えることもできる。たぶん、ユークリッドやニュートンが考えたようにね。

いいだろうか？　物自体としての自然のうちにもともとわれわれ人間の心的能力とはまったく独立に絶対確実な法則が成立しているんだ。この場合、認識とは、われわれ人間がそれを正確に「写し取る」だけだ。それでも、幾何学や物理学の確実性は同じだろう？

だが、この場合、――これを知ってほしいのだが――カントにとっては、この説明のすべてが「偶然」になってしまうのだ。なぜなら、われわれの心的能力から独立の確実な法則(これを想定することができるとする)は、われわれの心的能力から独立なはずなのに、なぜわれわれ人間はそれを正確に写し取ることができるのだろう？　この問いには「偶然」という答えを持ってくるしかないであろう。物自体とわれわれの認識する世界とはぴったり一致しているのかもしれない。それは想定可能である。だが、なぜこのことが起こるのかという問いに対して、「それは単なる偶然だ」と答えるのでは答えになっていない。

とすると、普遍的で必然的なア・プリオリな綜合判断の源泉は、人間の心的能力のうちになければならない、カントはこう考える。われわれが自然のうちに普遍的で必然的な法則を見出すのは、それをわれわれが投入した場合のみだ。これは「実験的方法」と呼ばれるのだが、その場合、われわれの認識の対象としての自然も、われわれの心的能力に相関的である限りの自然も、物自体ではなくて現象だということになる。

カント「について」哲学するのではなく、カント「とともに」哲学する

さて、ここでそろそろ時間になった。今日は岩波文庫で五行だけ進んだだけだが、まあこれでいいだろう。何か感想あるかな？　初心者の諸君、どうだろう？

Ａ　もうただ驚いてしまいました。ほとんどわからなかったけれど、何だか普通の世界ではない世界が開かれていくようで、とても面白かったです。

Ｇ　私は、以前ひとりでカントを読んでいたんですが、自分がじつは何もわかっていないということがよくわかりました。

S　他の人がずいぶんよく答えるので驚きました。

O　私も同じです。いつか、わかるようになるのか、ちょっと自信をなくしました。

I　ぼくは、今日の先生の説明で目からウロコのように次々にわかっていきました。何だか、初めてカントがわかってきた感じです。

あと、K君とT君はどう？　今日は、わりとよく答えられたように思うが。

K　そうですね。カントって、みんながいい加減にしている問題をただ徹底的に考えているだけだって思いました。こういうと叱られそうですが、意外にわかるなあ、という印象です。

T　ぼくは反対に、わかっているつもりでも、ちょっと探ってみるとたちまちわからなくなります。だんだん、わけがわからなくなる感じです。

F君はどう？

F　ぼくは初めからこの本を読んでいるんですが、全然向上した感じがしません。やっぱり、カントの問題を自分の問題として考えていないせいかもしれません。先生の説明を聞くとなんとなくわかっても、カントの文章は全然わからない状態が続いています。いつになったら、ひとりで正しく読めるようになるんですか？

ああ、よく聞かれる質問だよ。もちろん個人差はあるが、大体一〇年くらいかなあ。この点に関して、K君やT君は、どう思う？

K　ぼくの場合、まだ学部の四年生ですから、わからないところだらけです。先生の質問にも紋切り型の答えしかできないこともわかっています。

T　ぼくも、いつも先生の質問には何か裏があるなって思うんですけど、なかなか見抜けません。言われてはじめて「ああ、そういうことか」ってわかるんです。いま先生、目安として一〇年って言われたけど、じゃ、あと三年くらいかかるんですね？

そんなことはない。だんだんわかっていくものだからね。だが、これも人によってかなり違うが、私の場合、ずっと読んでいくと、あるときふっと「飛躍」することがあった。突然、「ああ、そうだったのか」と閃《ひらめ》く。ああ、これこそ絶対に確実だと感じるんだ。それが後になると錯覚のこともあるがね。「わかる」というのは、こういうことの繰り返しじゃないかなあ。

哲学書は何でもそうだと思うけど、机に向かってうんうん唸りながら「読む」だけではだめだ、カントが扱っている問題自身を四六時中考えていることが必要なんだ。最後にもう一度言っておくと、カント「について」哲学するのではなく、カント「とともに」哲学する、ということだね。わかるかな？　日ごろ、「なんで三角形が空間中に描けるんだろう？」とか「なんで原因が見つかるんだろう？」という疑問を抱いて「生きている」ことが大事だということだ。だから、これはなかなか教えることができない。ほとんど体質というものかもしれないからね。

第三講　ベルクソン『意識に直接与えられたものについての試論』

アンリ＝ルイ・ベルクソン（Henri-Louis Bergson, 1859-1941）

フランスの哲学者。当時支配的だったカントの認識論に対して唯心論に発する新たな実在論を提唱、「純粋持続の相の下に」省察する内部からの思惟の継続を通して絶対者との交わりを探った。その知的営為が近現代の哲学・思想に与えた影響ははかりしれない。著書に『物質と記憶』『笑い』『創造的進化』『持続と同時性』『道徳と宗教の二源泉』等。

『意識に直接与えられたものについての試論』（*Essai sur les données immédiates de la conscience*, 1889）

前年にパリ大学に提出した学位論文で『時間と自由』とも訳される。「時間」と呼ばれるものは言語による分節化によって生じたものであり空間的認識である分割が不可能な意識の流れを「持続」と捉え、人間の自由意志を論じたベルクソン哲学の誕生を告げる記念碑的著作。持続をめぐる時間／意識の問題は哲学における時間論の出発点となった。

〈テキスト〉

『意識に直接与えられたものについての試論』合田正人、平井靖史・訳　ちくま学芸文庫（筑摩書房、二〇〇二年）

〈参加者〉

F（物理学科の大学院を出た塾講師、男、三〇代）

G（医者、男、四〇代）

K（哲学科の学生、男、二〇代）

O（出版社勤務、女、四〇代）

T（哲学科大学院の学生、男、二〇代）

時間・自由・意識・行為などの概念が指し示す根本的な問題

今回はベルクソンだが、平日の五時一〇分からだからかな、参加者は五人と少ないね。K君とT君は哲学科の学生で、最初から参加していたね。F君は一ヵ月前くらいから出ていて、Oさんは最近の参加だよね。そして、今日からGさんが参加する。

ベルクソンのテーマは比較的わかりやすいと思う。彼は有機体（生命体）を物体には還元されない特有の実在とみなす（「ヴァイタリズム Vitalism」と呼ばれる）哲学者であり、Gさんはお医者さんだから、少しは関係あるかもしれないしね。問題は、その書き方がけっして親切ではないから、あるいは理路整然と理論を展開するというより、鋭い直観に導かれて論ずる傾向が強いから、その直観を共有しない者は、なかなか正確に読み解くのは大変なんだ。

この『意識に直接与えられたものについての試論』を、もう一年ほど読んでいるけれど、これは時間、自由、意識、行為などの概念が指し示す根本的な問題を扱った書で、ベルクソンはこれを三〇歳で書いたんだから、まさに天才だね。

彼は稀に見るほど聡明な人だが、抽象的な議論に終始することはなく、常に日常の些細な出来事をよく観察していて、きわめて具体的に思考しているところは、哲学論文の一つの模範と言えると思う。

これから読むのは、まさにそういうベルクソンの特色が鮮やかに出ているところだ。一七九ページ後ろから二行め、K君、読んでくれる?

たとえば、私が窓を開けようと立ち上がるとする。ところが、立ち上がるなり、なすべきことを忘れてしまって、私は立ちつくす。――これほど単純なことはない、と言われるかもしれない。達せられるべき目的の観念と、遂行されるべき運動の観念という二つの観念を諸君は連合していたが、そのうちひとつが立ち消えて、運動の表象だけが残ったのだ、と。――しかし、私は決して座り直さない。何かするべきことが残っているのを、私は漠然と感じているのだ。

ここまでは、よくある状況を挙げているだけだからいいだろう? 私なんかしょっちゅうあることだが、居間から台所に入ってみたが、さて自分は何をしに来たのか、さっぱりわからないことがある。周囲を見渡して、しばらく考え込むが、そうだ「栓抜きだった」とわかるまでにはしばらく時間がかかる。

この現象に対して、当時の心理学を代表する「連合説」は次のような説明をする。すなわち、この場合、栓抜きを取りにいくという「目的の観念」とそのために台所に歩いていくという「運動の観念」との連合が途切れて、前者が消えたために、私は台所まで歩いてきたことは億えているが、何のために歩いてきたかわからずに台所で立ちすくむ、というわけだ。なかなかわかりやすい説明だが、ベルクソンは人間の心（意識）や行為に関するこうした部分の合成による説明法を完全に拒否する。じゃ、K君、続けて。

したがって、私の不動性はただの不動性ではない。私が取っている姿勢のうちでは、遂行されるべき行為がいわば先駆的に形成されているのだ。だから私は、この姿勢を維持してそれを研究する、というよりもむしろ、それを内密に感得するだけで、一瞬消失した観念をそこに再び見出すことができるだろう。そうであるなら、素描された運動と取られた姿勢の内的イメージにある独特な色合いを伝えたのはまさにこの観念でなければならないし、仮に達せられるべき目的が異なっていたならば、この色合いはおそらくいささかも同じものではなかっただろう。それにもかかわらず、言語はこの運動とこの姿勢をなおも同じ仕方で表現したであろう。

はい、そこでいったん切ろうか。さて、ベルクソンは何を言いたいんだろう？　初めの二つの文章、つまり「先駆的に形成されているのだ」までの意味がわかれば、あとはすらすら読み解けると思うけど。F君、わかるかな？

F 「私の不動性」つまり台所で立ちつくす現象は、目的の観念と運動の観念という二つの観念の連合、つまりそれらの加算適合ではない、ということを言いかえたのだと思いますが……。「先駆的に形成されている」という言葉がどうもよくわかりません。初めから受けているK君、どう?

K 目的と運動とは二つに分解されるようなものではなくて、分解不可能な一つのものであることを言っているんだと思います。

その通りだが、「先駆的に形成されている」という言葉を解釈してくれって言っているんだよ。

K 「先駆的」とは前もってですから、立ちつくしている姿勢のうちにすでに前もってこれからすべき行為が形成されているってことですか？ ああ、わかった。その姿勢は単なる現在の身体の状態ではなくて、これからすべき行為、言いかえれば、目的を含んでいるってことですね？

そうだ。K君なかなかいいね。身体の「不動性」は外側から観察される客体の状態にすぎないのではなくて、そのうちに先駆的に具体的目的を含んでいるってことだ。ここを切り抜ければ、もうあとはわかるだろう？　念のためにOさん、できるところまで自分の言葉で置き直してみてください。

O　ええと、私はそういうとき、すぐに居間に戻るのではなくて、台所でそのままの姿勢で考え込むわけですよね？　そのことが「私は、この姿勢を維持してそれを研究する」というか「内密に感得するだけで、一瞬消失した観念をそこに再び見出すことができる」ということだと思います。

そのあとは……ええと、「ある独特な色合い」が出てくるあたりから、またわからなくなりました。

そう、ベルクソンは説明の要をなすところで、意図的に一見漠然とした直観的表現を使うが、ある人にはそれによって明晰に理解できるが、別の人には、こうした手法によってかえってベルクソンの文章が難しく感じられるかもしれないね。T君、どうだろう？「ある独特な色合い」って何？　その少しあとにある「この観念」が何かわかれば解けるんだけど。じゃ、それから聞こうかな。

T　「この観念」とは、目的の観念だと思います。連合説では、目的の観念は消えて運動の観念だけ残ったとみなされていますが、そうではなくて、この身体の不動性のうちに目的の観念が内在しているんです。だから、外見的には同じような姿勢に見えても、目的の観念がその姿勢に「独特の色合い」を与えているんです。次に書いてあることは、外側からの観察では、同じような姿勢に見えても、目的の観念の違いによってそれぞれの姿勢の「色合い」も違っている。だから、その姿勢のままで感得しなければならないんです。

T君、とてもうまく説明できたね。じゃ、最後の「それにもかかわらず、言語はこの運動とこの姿勢をなおも同じ仕方で表現したであろう」って何のこと?

T　言語は、首を傾げている姿勢Aとか腕を組んでいる姿勢Bとかいうように、観察に基づいた外形的な区別しかしないから、目的の観念が区別する「独特の色合い」を消し去ってしまう、ということです。

ああ、その通り。T君はベルクソンの思想の本質をすでにつかんでいるから、じつに的確に答えられる。他の人もいいかな。優れた哲学書はじつに明晰なものだ。だが、その明晰さは、言語をたどっていけば自然にわかる、という明晰さではない。哲学者が訴えたいことの本質をしっかりつかんだうえで読むと、自然にわかるという明晰さなのだ。独創的な哲学者は、いままで誰も（真剣には）考えたことがないことを語るのだから、何が問題なのかを、さまざまな状況や事例を用いて繰り返し説明しようと必死に努力している。

こうした構図が見えてくれば、一見謎めいた論述でも不思議なほどわかるようになる。だが、逆に言うと、その本質がわからなければ、いくら読んでも何もわからない。あるいは、私や誰かが丁寧に説明するとわかるが、そのうえで次の文章を読むとふたたびまったくわからない。こうして、いつまで経ってもテイクオフすなわち自力で解読することができない。

目的が違うにつれて運動全体のあり方も違ってくる

何か質問あるかな？　じゃ、次に進むが、T君がうまく説明してくれたので、ほぼもう何を言っているかわかるんじゃないかと思う。じゃ、Oさん次を読んでくれる？

また、連合主義的心理学者であれば、同じ運動の観念に今度は新たな目的の観念が連合したのだと述べることで、二つの事例を区別しただろう。つまり、遂行されるべき運動は空間のなかでは同一のものとみなされているのだが、達せられるべき目的がこのように新たなものと化すことで、この運動についての表象のニュアンスが変容されるかというと、ここでは、あたかもそうではないかのようなのだ！　したがって、ある姿勢の表象は意識のなかでは達せられるべき別の目的のイメージに結びついていると言うべきではなく、むしろ、幾何学的には同一の姿勢が当人の意識に対しては、表象される目的に応じて様々な形で現れると言うべきだろう。

さあ、Oさん何が書いてあるかわかりますか？

O　すみません。わかりません。

そうだなあ、ここはちょっと難しいかもしれない。翻訳もそれほど明快ではないし。何しろベルクソンのしたいことは、連合説批判なんだから、連合説について記述しているところから解きほぐしていけばわかるかもしれない。いま読んでもらった部分は、連合説批判がはっきり出ている「したがって、ある姿勢の表象は……」以下のほうがわかりやすいんじゃないかな。誰か、その部分を解釈してくれないか。T君はできるだろうから、K君、どうだろう？

K　まだ完全にははっきりしないんですが、連合説は運動の観念と目的の観念を二つの物のように区別するんですよね。最後の文章はわかります。さっきのような場合に、「幾何学的には同一の姿勢」なんですが、「当人の意識に対しては」同一ではなくて、さまざまな目的に応じて違ってくるということ、さっきの言葉で言い直せば、そこにさまざまな「独特の色合い」を感得できるということです。

うん、なかなかいいねえ。続けて。

K　その前の文章は、ベルクソンが「べきではなく」と言っているんだから、連合主義者は「ある姿勢の表象は意識のなかでは達せられるべき別の目的のイメージに結びついている」と考えているのでしょうね。まだ、よくわからないなあ。……ああ、わかった！　連合主義者はあくまでも「幾何学的に同一の姿勢」にさまざまな目的の観念が結びついているって考えているんですね。そして、ベルクソンは、そうではなくて、それは「厳密には同じ姿勢ではない」って言いたいんですね。

K君もベルクソンの本質がだんだんわかってきたようだね。解答に狂いがなくなってきた。じゃ初めの部分はどうだろう？　出だしの文章はいまK君が言ったことにほかならないし、その次の文章も「……同一のものとみなされているのだが、」まではK君の説明通りだからいいんだが、問題はその次だ。とたんにわからなくなる。

　ここは、翻訳がそれほどよくないので、私が説明しよう。「達せられるべき目的がこのように新たなものと化すことで」は、よくいままでの連関をつかんでいれば、わかるはずだ。連合心理学は同じ幾何学的姿勢にさまざまな異なった目的の観念が結びつくと考える。つまり、さっきの事例にそって考えると、居間から台所まで歩いていくほぼ同じ運動は、「栓抜きを取りに行く」という目的Aが付着している場合と、「冷蔵庫から氷を取る」という目的Bが付着している場合とで、目的の観念が違うゆえに二つの運動として区別される。こう連合心理学者は考えるのだ。これは、これまでの繰り返しだからいいだろう。

　だが、次が難しい。「この運動についての表象のニュアンスが変容されるかというと、ここでは、あたかもそうではないかのようなのだ！」とは何か？　こういうときは、もちろんフランス語の原文を調べて見るのもいいが、そうでなくとも読み解くスキルはある。こういう場合は、まずそこに書いてあることに対する著者の態度（肯定か否定か、あるいは賛同か拒否か）をはっきりさせることだ。

　さて、それでは解読しよう。「あたかもそうではないかのようなのだ！」ということは、言いかえると「真実はそうである」ということだ。では、「そう」とは何か？　これを解明するには「運動についての表象のニュアンスが変容されるかというと」という据わりの悪い文章を解剖しなければならない。

連合心理学は、運動は運動、目的は目的という具合に単純に区分するのだから、「運動についての表象のニュアンスの変容」を考えることはない。だから、この部分は「運動についての表象のニュアンスが変容されるはずなのに、そうしないで、あたかもそうではないかのようなのだ！」と読めば繋がる。つまり、「そう」とは「運動についての表象のニュアンスが変容されること」であり、「真実はそうであるのに」連合心理学は「あたかもそうでないかのように」しているというわけである。

「表象のニュアンス」は、さっきの「独特の色合い」と言いかえてもいいね。つまり、目的が違うにつれて、運動全体のあり方も違ってくるということ、その場合、違った目的だけを運動からはぎ取ることはできないということだ。

深く根を張っている連合主義的考えを批判する

ここまで解読できれば、次はすらすらわかるのではないかな。じゃ、今日、初参加だけど、Gさん、読んでください。

連合主義の誤りは、遂行されるべき行為から質的な要素をまず除去したうえで、そこから幾何学的で非人格的なもののみを保持しようとした点にある。その場合、このように脱色された行為の観念を他の多くの観念から区別するために、何らかの種差をそれに連合させざるをえなくなったのだ。ただし、この連合は私の精神を研究するところの連合主義哲学者の産物であって、私の精神そのものの産物ではない。

Gさん、ちょっとはわかった？

G　いえ、全然わかりません。

いままで論じてきたことを別の角度から言い直しただけなんだけどね。じゃ、F君、どうだろう？

F　じゃ、わかるところだけ説明します。「質的な要素」とは、いま先生が言われた「表象のニュアンス」とか「独特の色合い」のことだと思います。連合主義は、行為からこうしたものを除去して、行為の「幾何学的で非人格的なもの」だけを残すのです。そこまでです。

F君、そこまで説明できるだけでも立派なものじゃないか。大したものだよ。じゃ、誰か続きを説明してくれないか？

K　じゃ、ぼくがしてみます。「脱色された行為の観念」とは、「質的な要素」を除去した行為の観念、つまり「幾何学的で非人格的な」行為の観念です。「種差」というのがよくわからないんですが、連合主義者にとって同じ行為がさまざまな目的によって違うことを説明するには、同じ行為に違った目的の観念を結び付ける以外ないわけです。最後の文章もまたわからないんですが。

いや、K君、なかなかのものだ。「種差」とはレベルの違い、あるいは量的違いではなくて、質的違いということ、これも厳密に考えるとわからなくなるが、例えば、鉛の塊Aに濃い赤を塗った場合と別の鉛の塊Bに薄い赤を塗った場合、二つの色は単なる量的違いだが、Aの色とBの重さは質的違いだ、これを昔から哲学者は「種が違う」と表現した。さて、最後はベルクソン特有の皮肉と言っていいものだが、誰かわかるかな？

T　連合心理学の人工的な連合理論は、私の精神そのものから導かれる産物ではなくて、連合心理学者が勝手に立てた理論からの産物だということだと思います。

そうそう。ただ心的現象を説明するために持ち込まれた、何のリアルな実質もない、ただの理論的構成物だということだね。ベルクソンは、次にまた具体的な例を出して、われわれのうちに深く根を張っている連合主義的考えを批判している。F君、読んでもらおうか。

わたしはバラの匂いを嗅ぐ。すると、たちまち幼児期の漠然とした思い出が記憶に立ち戻ってくる。しかし、実をいうと、これらの思い出はバラの香りによって喚起されたのでは決してない。私は匂いそのもののうちでこれらの思い出を嗅ぐのである。私にとっては、こうしたことすべてが匂いなのである。

真ん中辺の「これらの思い出はバラの香りによって喚起されたのでは決してない。私は匂いそのもののうちでこれらの思い出を嗅ぐ」というところがわかればいいのだが、前半と後半とではどう違うのだろう？

F　私はまずバラの香りだけを嗅いでいて、次にその香りが思い出を喚起する、というわけではなく、私は初めから思い出が込められているバラの香りを嗅いでいる、ということだと思います。

そう、うまくまとめてくれた。つまり、連合説的考えは、私がバラを嗅いだときに幼児期の思い出に満たされるという状況を、まず「客観的なバラの匂い」というものがあって、次に各人がそれにさまざまな固有の意味を添える、というふうにとらえる。なぜなら、われわれは、世界には自分ひとりいるのではなくさまざまな他人がいて、彼らは自分の嗅いでいる「同じバラの匂い」を「別の仕方で」嗅いでいると言いたいからだ。

Ｆ君、続けて読んでみて。

他のひとならば、別の仕方で匂いを感じるだろう。――それは相変わらず同じ匂いなのだが、そこに様々に異なった観念が連合されるのだ、と諸君は思われるかもしれない。――諸君が事態をこのように表現することを認めるに私はやぶさかではない。しかし、忘れてはならないが、諸君はバラがわれわれ各人に与える多様な印象から、まず最初にその個性的な部分を除去したのだ。諸君はこれらの印象の客観的な相だけを保持したのであって、この客観的な相は、バラの匂いのうちで、共通領域に属する部分、要するに空間に属する部分に属している。

もう大部分わかるんじゃないかと思う。われわれは、自然に観念連合主義的考えに導かれて、バラの匂いを、誰にでも同じように現れる「客観的な相＝共通領域」と各人によって異なるさまざまな観念とが連合したものとしてとらえてしまうわけだ。ところで、最後の文章の「この客観的な相は、バラの匂いのうちで、共通領域の属する部分、要するに空間に属する部分に属している」とは、どういうことだろう？　K君、わかるよね？

K　バラの匂いのうちで延長している客観的な相だけが客観世界に属するということです。あとの各人各様の部分は、延長していなくて、「心」に属しているのですから。

その答えが正しいかどうかひとまず保留して、検討していこう。ロックは知覚におけるあらゆる性質を第一性質と第二性質とに分け、延長や運動などが前者に属し、色や音などが後者に属すると言った。あるものを知覚するとき、客観（世界）に属するものと主観（心）に属するものとを配分したのだね。だから、例えば、「赤いバラ」を見ているとき、その拡がりは世界に属するが、その赤さは心に属する。

前者はそのまま物理学に採り入れられる性質であるが、後者は物理学から排除される性質だ。このとき、すでに第二性質は個人によって異なるという考え方が入っている。赤い色は、各人によってさまざまに見えるはずだが、この多様性を心の側に追いやることによって客観的な物理学が成立しうるのだ。

物理学から排除されるという意味では、匂いも色と同じだが、話を色から匂いに移すと、少々様子が異なってくるが、さてどう異なってくるのだろう？

K　匂いの場合、「延長」がはっきりしないことですか？

そうだ、よく気がついた。さっき、きみは「バラの匂いのうちで延長している部分」と言ったが、その場合の延長は色とは違ってつかみどころがない。だから、すぐこの次にベルクソンが論じているように、匂いの客観的相は、「延長」というよりもむしろ、「バラの匂い」とか「ラベンダの香り」というような「名前」なのだ。もちろん、「ラベンダの香り」を有する物質の分子構造は共通領域を持っている、として自然に延長に繫がっていくけれどね。

F君、もうすこし読んでくれるかな？

もっとも、この条件が満たされて初めて、バラとその香りに名前を与えることができたのだが。その場合、われわれ各人の個人的印象を互いに区別するためには、バラの匂いという一般観念に、数々の種差的性格をどうしても付加せざるをえなかったのだ。かくして、諸君は今や、われわれの多様な印象、われわれの個人的な印象は、われわれがバラの匂いに様々な記憶を連合することから帰結したのだ、と言うに至る。しかし、諸君が語るところの連合は諸君にとってしかほとんど存在しない。それも、単なる説明の手だてとしてしか。

なんだか読む前に私が全部説明しちゃった感じで、教育上よくないのだが、バラの匂いの共通領域とは、「バラの匂い」という一般観念の有する領域であり、すなわち「バラの匂い」という名前が指し示す領域だ。ここで、この共通領域をとらえることがバラの（日常的意味における）「知覚」であり、それに各人が各様に自分固有の「記憶」を結びつける（連合する）というモデルが提示されている。

匂いの知覚もまた各人各様であるという議論もできるが、知覚されるバラは各人のあいだでさほど違いはないが、記憶されるバラは各人で異なっているというのは、常識にも適っていて最もわかりやすい連合説のモデルだ。

では、「しかし」から始まる最後の二つの文章の意味、わかるかな？　発言していないGさん、あるいはOさん、どうだろう？

G　やっぱりわかりません。

O　私も、頭が真白になってしまって……。

じゃ、T君、なるべく明快に説明してくれないか？

T　「諸君」とは連合主義的考えに導かれている者だから、こういう「連合」はそういう者にとってだけ、しかも「説明の手立てとして」だけ存在するのであって、ということはこのすべてがリアルに存在するわけではない、ということです。

そう、その通り。OさんとGさん、わかりました？

G　他人の説明を聞くとわかるのですが……。

O　あのう、いいですか？　私、正直不思議なんですけど、どうしてTさん、KさんFさんも、そんなによくわかってしまうのですか？

「どこがどうわからないのか」を正確に言語化すること

根本的質問だ。さまざまに答えられる。まず、彼らはいまテーマとなっている事柄の「本質」をつかんでいるからだろうねえ。その上に立って、さっきこう主張していたベルクソンが次に何を主張したいのかが見えている。文章の流れをつかんでいるからだろうね。

O　それはどうしたら身につくんですか？

さあ、一言で答えられない難しい問いだ。哲学的文章をたくさん読んでいること、哲学的知識をある程度蓄えていること、さらには常に周囲の事柄をよく見、考えていることも必要かもしれない。そうだ、自分が「どこがどうわからないか」を正確に言語化することはとても大切だ。幸いこの講義は受講者が少ないのだから、どんどん質問すればいいのに、Oさんはずっと黙っていたよね。構えを取り払って、笑われようとも軽蔑されようとも、自分が真に疑問に思ったことを、そのまますなおに言葉にする習慣をつけること、その一歩を踏み出すことが肝心だよ。

O　ああ、なんとなくわかった感じです。

では、その次をOさん、読んでください。

それはたとえば、多くの言語に共通なアルファベットの文字のいくつかを併置することで、ある言語固有の特徴的な音を何とか模倣できるとしても、これらの文字のいずれも、他ならぬこの音を合成するのに貢献したわけではないのと同様である。

これは、いままでより難しいかもしれないね。ベルクソンの例はいつもそうだが、本文をより正確に理解してもらおうとして、さまざまな複雑な実例を挙げるのだが、皮肉なことにかえってわからなくなることもある。これは、むしろ文学作品の解読に近い作業かもしれない。誰かどうだろう？

あっ、さっそくOさん、手を挙げたね。

O　よくわからないのですが、アルファベットの文字を並べるとある語ができますが、そのときの音は個々のアルファベットの音とは違う、ということですか？

ふうむ。それで、おおまかにせよ話は通じるようだが、ベルクソンの言いたいことはそうじゃないようだ。遠くから大体見計らってよいしょっと大網をかぶせるのではなく、細部をよく見て吟味しなければならない。誰かどうだろう？

F　アルファベットは英語やフランス語やドイツ語に共通ですが、単独でも、その組み合わせによっても、互いにずいぶん発音は違います。その場合、アルファベットに対応する「共通の音」がまずあって、次に、それらからある言語例えばフランス語に特徴的なある言葉の音を合成するわけではない、ということです。「何とか模倣はできるけれど」は、それらから似たような発音に至るかもしれないけれど、という意味でしょうか。

F君、それでいい。Oさん、わかりました？

O　ええ、正解を聞くとその通りと思って、自分がさっき何であんなことを言ったのか、わからなくなるんですが、自力では正解に達せない。本当に不思議ですね？

まあ、そういう正解と自分の解答との差異を確認しつつ「不思議な経験」を積み上げていくうちに、次第に矢が的の中心をすいと射るようにわかってくる。Oさんは、短期間に読めるようになるタイプだと思うよ。

O　ほんとうですか？　うれしい！

まあ、哲学的に言うと、基本的に当たらないこともあるのが「予測」なんだけれどね

（笑）。さて、これからながながと「自我」についての議論が続くのだが、Oさんの言葉にちょっと触発されていまの「バラの匂い」の議論をとくに「時間」について展開している部分を読み返すことにしよう。先生は生徒がわかってくれると嬉しいものでね。さて、どこだったかなあ。あっそうだ、三七ページほど戻って一四五ページの真ん中辺の段落からだ。

O　「たとえば、私が……」からですか？

そうそう。これは、三ヵ月前に読んだのだが、そのとき参加していたのはK君とT君だけかな。だから、わからなくなったら、二人に聞けばいい。いいね？

T　憶えているかどうかわかりませんが。

K　ぼくも。

それを試すのも、テキストを戻って読む目的の一つだよ（笑）。

「外的で社会的な生」が実在を見せなくする

さて、われわれは、とかく個人的体験から離れた「物」を実在と考えてしまいがちだ。まず一般観念としての「バラの匂い」があって、次にそれに「私の記憶する匂い」を付着(連合)させるという具合にね。これはバラが「いま・ここ」にある一つの物とみなされている場合はわかりやすい(連合説の技巧的処理を見抜くのも難しくない)。だが、時間的に異なった一つの物(ここでは家々から成る「町」だが)を取り上げる場合、われわれはそのどこに技巧があるかわからないほど連合説的考えに支配されてしまうのだ。

じゃ、Oさん、しばらく読んでもらおうか。

たとえば、私がこれから滞在することになる町を初めて散歩する場合、私を取り巻く諸事物は、これからも持続するはずの印象と、不断に変容するだろう印象を同時に私に対して産出する。私は毎日同じ家々を覚知する。そして、私はこれらが同じ対象であるのを知っているから、私はそれらを恒常的に同じ名前で指示するし、また、家々がつねに同じ仕方で私に現れると思い込んでもいる。しかしながら、かなり長い時間が経って、最初の数年に私が覚えた印象のことを回想すると、私は、特異な変化、説明しがたく、とりわけ表現しがたい変化がそこで生じたことに驚いてしまう。

はい、そこまでで、ベルクソンが何を言いたいかわかるだろうか？　Gさん、どうですか？

G　ここは、なんとなくわかる気がします。私もいろいろ旅行するんですが、とくに外国に行ったときは、どの町に行っても、到着したばかりのときの印象としばらく滞在してからの印象はまるで違うんですね。ホテルがあんなに駅から遠く思われたのにこんなに近かったのかとか、中心街があんなに寒々して感じられたのにごく普通だなあとか、たぶん初めは町に着いたときの不安がそこに交じっているのに、次第に慣れてきて構えもなくなると、町の印象も変わってくるんですね。

その通り。Gさん、はじめて正しく読めましたね（笑）。ベルクソンは「特異な変化、説明しがたく、とりわけ表現しがたい変化」と言っているが、どこまでも同じなんだが根本的に違うという感じだ。これは、学校なんかでもそう言える。同じ校舎でも校庭でも、入学したときの印象と三年経って卒業するときの印象がまったく違っているのは、誰でも体験的に知っていると思う。

ここまでは、ベルクソンは「ああ、なるほど」とわかることを語っているだけだ。だが、このあと一挙に追跡するのが難しくなる。じゃ、そこをGさん、読んでください。

これらの対象は、私によって連続的に知覚されて、私の精神のうちで絶えず描かれるので、遂には私の意識的現存の幾ばくかを私から借り受けるに至ったように思われる。つまり、私と同様に諸対象は生き、私と同様に老いたのだ。これは、まったくの錯覚というわけではない。というのも、今日の印象が昨日のそれと絶対的に同一であるとしたら、知覚することと再認すること、学ぶことと想起することのあいだにいかなる差異がありうるというのか。

どうだろう？　全体としてそんなには難しくないが、「私と同様に諸対象は生き、私と同様に老いたのだ」という文章の真意がわかることが鍵かな。じゃ、三ヵ月前からいたT君から読み解いてもらおうか。

T　ええと、いま先生の挙げた文章には「まったく錯覚というわけではない」という文章が続くのですから、逆に言うと「ある程度は錯覚だ」と読めます。つまり、諸対象が「私の意識的現存の幾ばくかを私から借り受ける」にいたり、「私と同様に生き老いた」わけはないのだが、という意味が含まれている。確かに、中学や高校の三年間で校舎も「私と同様に」三年だけ老いたわけですが、ベルクソンはそういうことを言いたいわけではない。校舎も「私と同様に生き、老いた」と単純に語ることは錯覚だけれど、そう語りたい気持ちもわかると言いたいんでしょう。なぜなら、卒業式のときに眺める校舎の印象は、三年前の入学式のときに見た校舎の印象ではないという動かせない直観があるんですから。

方向としてはいいんだが、最後のところをもう少し展開してくれないか？　F君、どうだろう？

F　あるもの、あるいはあること（X）を再認したり想起したりすると言えるためには、「かつて知覚したXを」再認するか想起するということが必要条件なんですが、それを言いかえると、再認ないし想起するXは「かつて知覚した」Xとまったく（数的に）同一であってはならないということです。

そうだね。「数的同一性」とはライプニッツの言葉で、あらゆる観点から差異がないという同一性だ。もしそうなら、Xをいま想起していることはXをいま知覚していることとは区別がつかないはずだからね。ここまでは、その通りだが、こういう単純な問題提起をして、ベルクソンがどういう方向に進みたいかわかるだろうか？　K君、どうだろう？

K　連合説では、まず一つの町が私の印象とは別に客観的にあって、その客観的な町に対する私の印象がどんどん変わっていくとみなすのに対して、そういう「客観的な町」などは単なる抽象的な記号にすぎないという方向に進むんだと思います。

ちょっと物足りないが、まあいいだろう。ベルクソンとしては、実在的な町はまさにさまざまな私の印象をまとったものなのだ。実在的なバラの匂いが私の思い出をまとっているように。つまり、一つの実在的な町とは、印象の変化にもかかわらず不変な「その町」と呼ばれる一般観念なのではなく、変わることそのことにおいて同一性を保つようなあるものなのだ。

じゃ、K君、次を読んでみて。

ただし、こうした差異は大半の人々の注意を逃れてしまう。それを告げ知らされ、しかもその際、綿密に自己自身に問い尋ねるという条件が満たされなければ、ひとがこの点に気づくことはほとんどないだろう。われわれの外的でいわば社会的な生のほうが、内的で個人的な現存よりもわれわれにとっては実践的な重要性を有している、というのがその理由である。

そのくらいでいいだろう。ベルクソンは、繰り返し、実在を見せなくするものが「外的で社会的な生」であることを強調する。誰でも、実在を見る目を具えている。だが、それも社会的生、能率、利益によってかき消されてしまうのだ。安直な図式に従って、計算し、予測し、回想するほうが、社会はスムーズに流れていくからね。そして、その構図を疑って真実を求めるより、それにもたれて生きるほうがずっとトクだからね。

ベルクソンにはとくに倫理学と呼ぶべきものはないように見えるが、これが彼の倫理学なのだ。記号化された世界に生きることから脱出して、実在を見据え、それに沿って生きることが「よく生きること」なんだが、芸術家の創造活動のようなモデルを考えてみるとわかりやすいかもしれないね。では、今日はこれで終わることにするが、最後に何か質問あるかな？

T　最後のところ、とっても示唆的ですね。ということは、哲学を学ぶとは「記号化された世界に生きることから脱出して、実在を見据え、それに沿って生きること」を学ぶことですよね。それが、いかにトクにならなくても。

T君、そう、その通りだ。そう言って終わりたかったけど、ちょっと恥ずかしくて口ごもってしまった。私自身がそうしているかどうか、内心忸怩《じくじ》たるものがあるからね。でも、T君が勇気を与えてくれたので、いまや堂々と言おう。みなさん、哲学とはそういうものなのです（全員、笑）。

第四講　ニーチェ『ツァラトゥストラ』

フリードリヒ・ヴィルヘルム・ニーチェ
(Friedrich Wilhelm Nietzsche, 1844-1900)

ドイツの哲学者、古典文献学者。実存主義の代表的思想家。バーゼル大学で古典文献学教授を務めたのち在野の哲学者となった。ヨーロッパ文化に対し疑義を呈して神の死から地上の生の意義を説く。さらに永遠回帰によって生の肯定の最高形式を示し、超人の理想を唱えた。著書に『悲劇の誕生』『反時代的考察』『人間的な、あまりに人間的な』『曙光』『愉しい学問』『善悪の彼岸』『この人を見よ』等。

『ツァラトゥストラ』(*Also sprach Zarathustra*, 1883-1885)

後期ニーチェの代表的著作。原題に即し『ツァラトゥストラはこう語った』とも訳される近代文化批判の書。近代が抱える病根はキリスト教とギリシャ思想にあると看破したニーチェは、近代性の極致にあって永遠の自然に救いを見出し永遠回帰の思想を掲げる。本書は同時代人に大きな衝撃を与え、リヒャルト・シュトラウスは同名の交響詩を作曲した。

〈テキスト〉
『ツァラトゥストラ(上)』吉沢伝三郎・訳　ちくま学芸文庫「ニーチェ全集9」(筑摩書房、一九九三年)

〈参加者〉
F(物理学科の大学院を出た塾講師、男、三〇代)
H(哲学科の学生、女、二〇代)
J(銀行員、男、四〇代)
K(哲学科の学生、男、二〇代)
M(高校教師、男、五〇代)
O(出版社勤務、女、四〇代)
R(小説家志望のフリーター、女、二〇代)
Y(会社社長、男、七〇代)

ニーチェにとっては超人以外のいかなる人間も生きる価値がない

さて、ニーチェだが、ニーチェは寝っころがっても読めるところがあるから、やっかいなんだ。じつは、彼の文章を正確に読解するのはきわめて難しいのだが、誰でも自己流に好きなところだけを拾い読みしてわかったつもりになりやすい。だから、芥川龍之介とか三島由紀夫とか小林秀雄といった哲学的センスのない文学者でもニーチェだけはよく読むわけだ。それればかりではない、画家だって音楽家だってニーチェは読む。わかったつもりになりやすいんだねえ。

それに、ニーチェの思想はきわめて危険で、現代日本の倫理観と真っ向から対立するのに、それに蓋をして綺麗に毒を抜いて市場に出す、という欺瞞も横行している。あの『超訳ニーチェの言葉』が典型的だがね……。ニーチェの「ほんとうの思想」をそのまま語ったら、すべての本は発禁処分になるだろうし、放送禁止になること請け合いだ、それほど彼の言葉には毒があるんだよ。具体的に言うと、彼は超人（候補者）以外のいかなる人間も生きる価値がないと言っている。ありとあらゆる地上の弱者は死ぬべきだと信じている。国家は超人（候補者）を産み育てるためだけにあり、女は超人（候補者）の足を引っ張り地上に引きとめておく誘惑者にほかならず、「女のもとに行くには鞭を持っていけ！」という有名な言葉を吐いているよ。

ニーチェは激しい「女嫌い」であったが、それは彼が女性に（性的）関心がなかったからではなく、彼が「女性に相手にされなかった」からだ、と考えるのが一番自然なようだ。彼はリストの娘でワーグナー夫人であるコジマや、ロシア貴族でリルケやツルゲーネフやフロイトなどとつきあっていたルー・ザロメなどの「女傑」を崇めるという形で女性に接するしかなかった。そして、——気の毒なことに——二人から才能は認められたが男として相手にされなかった。二人以外にも、ニーチェが特定の女性から愛された形跡はない。いろいろ説は飛び交っているが、彼には娼婦との性交しか許されなかったと言っていいだろう。

いや、口が滑ってしまった。テキストを読む前にあまり先入観を与えてはいけないのだが、ニーチェはその文章の力強さとは裏腹に、きわめて弱々しく傷つきやすい男であったこと、これを押さえておくことは重要だと思う。

さて、きりがないからこのくらいにして、今日は『ツァラトゥストラ』第二部の「有徳者たちについて」の途中から、一六九ページの三行目、上の数字で言うと「23」からだね。この節ではニーチェの「徳」とくにキリスト教的な徳に関する批判が集中しているが、ここからは「徳」とは復讐の叫びだという彼の思想が展開される。これこそ、現代日本で言ってはならないことだよね。だが、ここでは、あらゆる常識や束縛を外して、自分がそう読めたら、どんなに非常識なことでも言ってもらいたい。哲学は一般的にそうだけれど、ニーチェの場合はとくに一つの正解があるわけではないから、初心者もどんどん発言してほしい。

みな、最近この授業を取り始めたのだよね。Rさんは今日が初めてだね？

R　いいえ、二回目です。

それは失礼。前回、何もしゃべらなかったから、つい印象になかった。

Jさんは二回目でMさんは初めてかな？（二人ともうなずく）ずっと前から出ているのは、F君、哲学科の学生であるHさんとK君、それにOさん。ああ、そうそう、老人のYさんはかなり前から参加しているね（笑）。ニーチェは老人にも手厳しい。もう社会的に何の役にも立たない老人はさっさと死ぬべきだと言うんだから。Yさん、これについてどう思いますか？

Y　ちょっと受け容れられませんね。

じゃ、Yさん、何でこの授業に出ているんですか？

Y　…………。

私はYさんに意地悪しているんじゃない。できればニーチェの言葉を、あくまでも「自分の問題」として読んでもらいたいんだ。

じゃ、Hさん、読んでもらおうか？

ニーチェには、あらゆる正義は薄汚いという大前提がある

また或る者たちは、みずからの一握りの正義を誇り、この正義のために、一切の諸事物に対して罪を犯す。そこで、世界が彼らの不正のなかで溺死《できし》させられるのだ。

はい、そこまで。ニーチェの言葉は恐ろしく凝縮しているから、少しずつ読んでいく。「一握りの正義」って何だろう？　それに「罪を犯す」とは何だろう？　「溺死」もずいぶん唐突な感じだよねえ。一体この文章全体で何を言っているのか、わかるかなあ？

H　前回読んだところで、ニーチェつまりツァラトゥストラは、有徳者たちは、報酬や代償をちらつかせて「正義」を唱えるのだ、と言っていました。ええと、一六六ページの「5」に「きみら有徳者たちよ！　きみたちは徳の代償に報酬を、地の代償に天を、きみたちの今日の代償に永遠を、得ることを欲しているのか？」とありますが、とくにパウロが、この世で徳を積めばあの世で永遠の生命という報酬を得られる、という計算を、徳に持ち込んだことを批判しています。

ちょっと後で、徳には「報酬係も支払係も存在しない」と揶揄《やゆ》しているように。ですから、「一握りの正義」とは、そういう有徳者たちの正義です。それは「罪を犯す」ことにほかなりません。

まだ、はっきりしないが、有徳者たちが徳に報酬を持ち込んだことが「罪を犯す」ということ？　じゃ、その後の「世界が彼らの不正のなかで溺死させられる」にどう繋がるのかな？

H　こうした教会の腐敗によって、全世界が溺れ死んでしまったということです。

Hさんはニーチェ城を包囲して、安全地帯でその外形を語っているだけで、城に攻め入った体験をもとに語ってはいない。こういうのも、その次の文章とのかかわりで言えることだけどね。Hさん、もう少し読んでくれないか？

ああ、「徳」という言葉は、彼らの口から発せられると、なんと不快な響きを帯びていることか！　じじつ、彼らが「わたしは正しい」と言うとき、それはいつも、「わたしの復讐欲は満たされた」と言っているように響く。

ここは、この節の要とも言える個所だ。これは日本語訳ではまったくわからない。ここでニーチェは、後ろの注にあるように、「正しい（gerecht）」と「復讐された（gerächt）」とを懸けている。「gerächt」は「rachen（復讐する）」という動詞の過去分詞だが、「復讐された」ではわからないから、吉沢訳のように「復讐欲で満たされた」でいいと思う。この懸け言葉を算入して、さあ、初めからここまでどういう意味だろう？

K　有徳者たちの正義は、復讐心から成り立っているということですか？

そうなんだが、それはどういう意味か、自分の言葉で言いかえてくれないか？

K　有徳者たちは、正義という名目で報酬を得ている。こうした不正によって、彼らに従う者たちは、正義を得ることができずに、正義を前にしてみな溺れ死んでしまう、ということですか？

それじゃ、Hさんの答えと同じじゃないか。きみたち、もっとワルにならなければ到底ニーチェは読めないよ。もっと思い切って常識を大転回しなければだめだ！　誰か、読めないかなあ？

R　あのう、私、さっき先生が言われたことをずっと考えているんですが、正義を語る人って必ず「正義」という名のもとに何かに復讐したいんじゃないかと思うんです。私が「なんで？」って聞いて、「それは正しいから」と答えられると、私もなんとなく「不快」なんですけど、反省してみると、私はそう語る人に復讐心のようなものを感じるからだと思います。

Rさん、すばらしいね。その通りだよ。いままでニーチェ、読んだことあるの？

R　いいえ。

私はごくたまに、こういう人に出会うことがある。哲学書なんか読んだことがなくても、ピタリと哲学者の言いたいことを当ててしまう。それは、そういう人がその哲学者と同じよ

うに生き、同じように考えてきたからなんだね。Rさん、あなたの人生はそんなに絶望的だったの？（全員、爆笑）

それはそうと、いいかな。ニーチェには、あらゆる正義は薄汚いという大前提があるんだ。具体的にどの正義が、という問題ではない。それがそもそも正義というもんなんだよ。まずそこをしっかりつかまなくてはならない。Hさんや K君は、正義自身に疑いを持たず、それがある種の有徳者によって汚されたというオメデタイ解釈の段階に留まっている。そうではないんだ。あらゆる正義は、そもそもの生まれが悪い。じつは「復讐心」というおぞましいものなんだ。そうなのに、正義を云々する人は、それをうすうす気づいていながら欺瞞的に隠す。

このことこそ、徳に報酬を持ち込んだこと自体よりずっと問題じゃないだろうか？「一切の諸事物に対して」最も悪質な「罪を犯す」ことじゃないだろうか？ だから、美辞を語る彼らに従う人々は、こうした汚濁にまみれた沼の中でみな溺死してしまうのだよ。いいかい？ すべてをもっと徹底的にひっくり返さなければだめだ！

K　自分が、まだニーチェがまったくわかっていないことを痛感しました。

そうだね。K君は秀才だが、だからこそいわゆる善悪の枠を抜け出すのが難しい。Rさん、あなたはあまり秀才じゃないでしょう？

Ｒ　はい、その通りです（笑）。

「正しい」とは「復讐欲で満たされた」という意味である

ここで、ちょっと他のところを見てみようか？　ニーチェは「正しい（gerecht）」と「復讐欲で満たされた（gerächt）」とを、次の文脈でも使っている。それは「下」の六五ページ、すなわち第三部の七「通り過ぎることについて」に出てくるのだが、いいかな？　きみたち、「上」だけではなく「下」も持ってくるんだよ、一冊の本なのだから。

ええと、三行目だが、Ｈさん読んでくれる？

最初おまえにぶうぶう不平を鳴らさせたゆえんのものは、いったい何であったか？　誰もおまえに充分追従してくれなかったということだ。――おまえがこんな汚物のもとに腰をすえたのは、大いにぶうぶうと不平を鳴らすための根拠を得んがためなのだ、――大いに復讐するための根拠を得んがためなのだ！　つまり、おまえ、虚栄心の強い阿呆よ、おまえが口からあわを吹いているのは、すべて復讐《ふくしゅう》なのだ、わたしはおまえの正体を見事に察知したのだ！

しかし、おまえの阿呆な言葉は、おまえの言うことが正当である場合でさえ、わたしを傷つけるのだ！　そして、たとえツァラトゥストラの言葉はさらに百倍も正当であるとしても、おまえはわたしの言葉を借用して、つねに——不正をなすであろう！

ここは私が説明してしまおう。

ツァラトゥストラはあるとき（ベルリンと思われる）大都市の門の前を通りかかったら、そこで「ツァラトゥストラのサル」と呼ばれている阿呆が怒鳴り散らしているのを聞いた。彼は自分の超人思想にかぶれた者、自分の忌まわしい物まねである。ツァラトゥストラは彼の言葉を遮り、叫ぶ。

いま読んでもらったところは、その阿呆に対するツァラトゥストラの言葉の一部であるが、彼の正体は世に迎えられていないことに対するただの不平であり「復讐」なのだ。それは、簡単に読み取れるだろう。だが、次はドイツ語の「正しい（gerecht）」と「復讐欲で満たされた（gerächt）」という似た発音を知らなければ解せない。「おまえの言うことが正当である（gerecht）場合」でさえ、すなわち私の言葉そのものであっても、それはおまえの口から出ると「復讐欲で満たされた」ものに変質してしまうのだ。

だから、おまえはこのツァラトゥストラを傷つけるのだ。まさに、おまえは私の「正しい」言葉を、「復讐欲で満たされた」言葉に劣化させてしまい、よって、つねに「不正」をなすわけだ。

ツァラトゥストラの言葉は、誰がそれを唱えても「正しい」ものではない。それは、じつはそのわずかな素質さえないのに自分は超人候補者だと思い上がった者が唱えると、たいそう滑稽なものなのだ。

こう読めばひとまず充分だが、さらに深読みができるかもしれない。

すなわち、ツァラトゥストラは自分がまだまだ超人の域に達していないことを自覚しているのだから、彼に対する猛烈な怒りは、自分自身のうちに充分その要素があることに気づいているためかもしれない。言いかえれば、このツァラトゥストラのサルはニーチェ自身を指しているのかもしれないのだ。

と思い切って言ってみたが、それならニーチェもなかなか自己批判精神があって、見直したくなるが、彼がそういう自覚でここを書いたと断ずるのは言い過ぎであろう。だが、ここを書くときに彼の脳裏にはそういう自己断罪が時折かすかに閃《ひらめ》いていたのかもしれない、と想像することはできるように思う。

「通り過ぎることについて」のこの部分の解釈は、このくらいでいいだろう。じゃ、Mさん、そのあと読んでください。

彼らは自分の徳を振りかざして、自分の敵の目をえぐり出そうと欲する。かくて彼らは、他人を貶《おとし》めるためにのみ、自分を高める。
さらにまた、自分たちの泥沼《どろぬま》のなかに坐って、アシのなかから次のように打ち明ける者たちもいる。「徳――それはじっと泥沼のなかに坐っていることだ。
われわれは誰にもかみつかず、また、かみつこうとする者を避ける。そして、万事において、われわれに与えられる意見を自分の意見とする。」

もうここまで来たら、大枠が示されたのだから、それほど難しくないはずだ。「彼ら」とは聖職者や有徳者をはじめ、いたるところで見られるが、ぬくぬくと徳や正義を喧伝する輩だ。いくつかの文章から成っているが、まず第一の文章を解読してくれないか？「敵の目」って何だろう？

H「自分の徳を振りかざして」まではわかるんですが、そのあとは……あっそうか、有徳者は他人に復讐したいのですから、「敵の目をえぐり出そうと欲する」というのは、ものすごい復讐心の表現ですね。でも、そのあとはどうも……。

そうそう。古代の戦争では、敵の捕虜の目をえぐり出すなんていうのがあったそうだ。猛烈な復讐心の表現だよね。そして、第二の文章だが、誰かどう？

R　復讐は、自分が相手から味わわされた苦しみを相手にも味わわせたい欲望ですが、「正義」の名のもとに復讐したい人は、初めから、自分が正しくて相手は不正であると信じている。だから、自分は復讐などしているのではなく、ただ正義のために行為しているんだと思い込んでいるんです。「他人を貶める」ことは「自分を高めるためにのみ他人を貶める」と言っても同じだと思うんですが、こういう人は自分の欲望や攻撃性に全然気が付いていなくて、初めから自分は高いところにいる、と勝手に思い込んでいるんだと思います。

ほとんど完璧な解答だねえ。驚いたよ。そうは見えないお嬢さんなのにね？(笑)　だけど、私には意外ではない。ある思想を「内側から」生きていると、言葉の一つ一つが身体に突き刺さってくるようにわかることがある。たぶんRさんは他の人がわからないのが不思議なんだと思うよ(R、うなずく)。

じゃ、三番目の比較的長い文章の意味は何だろう？　Rさんはもうよくわかっているようだから、他の人が答えられない場合だけ、答えてもらおうか。

K　これは、違った角度から「有徳者」の一種を揶揄しているんだと思います。なにしろ身の保全だけを考えて、徹底的に危険を避けて「じっとしている」だけの人っていますよね。誰とも喧嘩しないで、すべての人に意見を合わせて、じっとしているだけの人、つまりニーチェが他のいろんなところでも言っていますが、善良で弱い人に対する徹底的な嫌悪感です。

そうだね。大体それでいいと思うよ。「じっと泥沼のなかに坐っている」というのを泥沼に生えるアシに懸けたのだよね。じゃ、次に進もうか。Hさん、次の三行だけ読んでくれないか。

さらにはまた、身振りを好み、徳は一種の身振りである、と考える者たちもいる。
彼らの膝はつねに崇拝し、また彼らの手は徳を讃美しているが、彼らの心はそれになんのかかわりもない。

これは、これまでに比べてわかりやすいのではないかな。Oさん、どうだろう？

O　真意がなく、表面的な態度だけで「徳」を示している人々のことだと思います。彼らはひざまずいても拝んでも、ただ外形的にそうしているだけ。心はまったく伴っていないのです。

よく解釈できたね。まあ、これは誰にもできるほど簡単なんだけど（笑）。じゃ、次に進もう。Yさん、お願いする。

さらにまた、「徳は是非とも必要である」と言うことを徳だと思っている者たちもいる。だが彼らは、心の底では、警察は是非とも必要であるということだけを信じている。

これは何だろう？　今度はそれほど簡単ではない。後ろの文章から推察していけばいいんだが。「警察は是非必要である」という意味がわかれば解けると思う。だから、この場合「警察」という言葉が何を意味しているのかがわかることが鍵だ。

H　権力を背景にして徳を強制する人のことですか？

まずは標的近くに矢を射たね。警察は権力の代名詞というわけだ。だが、それだけだろうか？　警察とはどんな権力なんだろう？

H　社会を監視し、不正な行為を摘発する権力だと思います。

そうだね。われわれの身近にいて、「秩序を守る」という大義名分のために次々に「不正行為」を摘発し「悪」を排除する権力だ。中学や高校で風紀委員っていただろう？　ああいうことが好きな子もいる。学校という権力を背景にして特権的な地位を得た気がするんだね。日ごろ太刀打ちできない相手でも、風紀委員の地位を利用して、告発できる。まさに「正義」という名のもとにおける復讐行為の典型だ。彼は絶えず「『徳は是非とも必要である』と言うことを徳だと思っている」んだ。なんとなく卑劣な臭いがするじゃないか。

徳すなわち（いわゆる）善悪は完全な嘘なのだ

何か質問あるかな？　ないね。じゃ、どんどん読んでいこう。誰に読んでもらおうかなあ。今日は二回目だけど、Jさんいいかな？

J　ええと、どこでしたっけ？

一七〇ページの初めから。

また、人間たちの崇高な点を見ることのできない幾多の者たちは、人間たちの低劣な点をあまりにも間近に見て、このことを徳と名づける。このように、彼らは自分の毒々しいまなざしを徳と呼ぶのだ。

あとワンセンテンス読んでください。

また、或る者たちは心を高められ引き立てられることを欲し、これを徳と呼ぶ。そして、他の者たちは心を顚倒《てんとう》させられることを欲し——これを同様にまた徳と呼ぶ。

ちょっとひねっているが、初めの文章はニーチェをずっと読んできた者には、わかるんじゃないかな。まずちょっとした誤訳に注意しておこう。ドイツ語の「manch」は「多くの」ではなく「少なからぬ」あるいは「いくらかの」という意味だ。英語の「some」に当たると見ていい。だから、初めの文章にある「幾多の者たち」は「幾人かの者たち」に直さねばならない。

さて、そう直すことにして、Jさんわかる？

J　……わかりません。

じゃあ、K君どうだろう?

K　これは、「山上の垂訓」にあるようなキリスト教道徳観に対する皮肉だと思います。さっきもあったように、善良で弱い者たちは、自分が弱いから、報われていないから、「低劣」だから、「崇高な点」を察知できないから、有徳だと思っている。「毒々しいまなざし」とは、強いものや美しいものや善いものに対するルサンチマン(恨み)にまみれた「徳」のことだと思います。

まさにその通り、K君、調子が出てきたね。二番目の文章はそれほど難しくないが、Oさん、どう?

O　これ、わかります。ヒトラーの演説を聞いて感激する大衆のように、何でもいいから心の底から感動するもの、刺激的なもの、すべてをひっくり返すものを「徳」と解している人のことだと思います。

Oさん、なかなかいいね。「正義」の名のもとに革命を行う人、それに同調する人の心情、あるいは退屈でたまらず何でもいいから新奇なことを望む人の心境だね。では、続けて読んでください。一〇行くらいずっと。

> さて、以上のように、ほとんど万人が、自分は徳にあずかっていると信じている。そして少なくとも、誰もが自分は「善」と「悪」との精通者であると主張する。
>
> しかし、ツァラトゥストラは、これらの嘘《うそ》つきどもや阿呆《あほう》どものすべてに、こう言うために来たのではない。「きみたちは徳になんのかかわりがあろう！　きみたちは徳になんのかかわりがありえよう！」――
>
> そうではなくて、わたしの友たちよ、きみたちが、阿呆どもや嘘つきどもから学んだ古い言葉に倦《う》むようにと願って、来たのだ。
>
> 「報酬」、「報復」、「刑罰」、「正義に基づく復讐《ふくしゅう》」といった言葉に倦むようにと願って――
>
> 「一つの行為が善であるのは、それが没自己的であるがゆえだ」と言うことに倦むようにと願って。

ここは今日読んだところのまとめだから、おおよそわかると思う。初めの二つの文章はいいよね。とくに「報復」「刑罰」「正義に基づく復讐」に対してツァラトゥストラ＝ニーチェは、前に読んだ「青白き犯罪者たちについて」で集中的に攻撃している。すなわち、彼から見ると、正義の名のもとに復讐したい者は、因果応報という幻想に踊らされているのだ。六九ページにはっきり書いてある。

だが、行為の空想と、行為そのものと、なされた行為についてのイメージとは、それぞれ別のものである。それらのあいだでは、因果の車輪はころがらない。彼が自分の行為を行なったときには、彼は自分の行為のイメージがこの青白い人間を青白くした。彼が自分の行為を行なったときには、彼は自分の行為に匹敵する者であった。だが、行為がなされてしまうと、彼は自分の行為のイメージに耐えられなかったのだ。

いまや彼は、つねに自分を一つの行為の行為者と見なすようになった。わたしはそれを狂気と呼ぶ。

いいだろうか？　一つの行為は無限の原因によって引き起こされるのだ。ということは、ほとんど偶然と言っていい。だが、正義の名のもとに復讐したい者は、その膨大な数の原因をきわめて卑小なものに限定する。そのもとで、加害者を裁き、罰するのだ。そういう善人たちの前に引き出された「犯罪者」は、自分がそんな単純な因果性によって行為に至ったのではないことを熟知している。だが、彼は次第にその狡猾《こうかつ》で卑小な論理に屈し「つねに自分を一つの行為の行為者とみなす」ようになってしまうのだ。

これはまさに「狂気」であるが、この狂気が二〇〇〇年間行われてきたのであり、いまなお日々行われている。「正義」という名のもとに隠れている「復讐」欲によって。

さて、先に読んでもらったところに戻ろう。

ツァラトゥストラからすると、こうした徳すなわち（いわゆる）善悪は完全な嘘なのだから、こういう輩は「嘘つき」であることになる。しかも、この嘘は怠惰や欺瞞や軽薄に基づいているのだから、こういう嘘つきは同時に「阿呆」ということになるわけだ（策略に富んだずる賢い阿呆ではあるが）。

だが、このあとはちょっと考えてほしい。ツァラトゥストラは、Aと言うために来たのではない。そうではなく、Bを願って来たのだ、というわけだが、一体これは何のことだろう？　F君、どうだろう？

F　初めの文章では、「嘘つきどもや阿呆どものすべてに」こう言うために来たのではない、と書いていますが、後の文章では「わたしの友たちよ」という具合に、語りかける相手を変えている点が重要だと思います。ツァラトゥストラはもうそういう「嘘つきどもや阿呆どものすべて」には何の期待もしていない。彼らにはもう何を言っても無駄だと思っているから。でも、せめて超人を目指すツァラトゥストラの友たちは、こうした

「嘘つきどもや阿呆どものすべて」の言葉に汚染されないように、と願っているのだと思います。

そうそう、よく読めているね。じゃ、そのままの意気込みで、F君、「『一つの行為が善であるのは、それが没自己的であるがゆえだ』と言うことに倦むようにと願って」という最後の文章はどういう意味だろう？

F　どうもその部分だけ、よくわからないんですが……。

そう？　じゃあ、K君、わかるよね？

K　はあ、この個所は、その前の「『報酬』、『報復』、『刑罰』、『正義に基づく復讐』といった言葉に倦むようにと願って」とは観点が異なっているんじゃないでしょうか。この場合、善とは、「没自己的」な行為、つまり自己利益を完全に消去した行為である、というようなキリスト教的徳概念に対する非難だと思います。

ここでツァラトゥストラは、友たちに、「嘘つきや阿呆どものすべて」が持っている徳概念に感染しないように願うばかりではなく、パウロ的な利他的な徳概念にも感染しないようにと願っている。

「復讐心」と「奴隷道徳」は互いにぴったりと肩を寄せ合っている

ここで、ニーチェのパウロ批判に簡単に触れておこう。ニーチェは確かにキリスト教の徳概念を徹底的に批判するのだが、それはすなわちパウロが築き上げた「『報酬』、『報復』、『刑罰』、『正義に基づく復讐』」のような大掛かりな「経済学」である。みな「最後の審判」に合格するためにありとあらゆる損益計算にウツツを抜かすのだ。

パウロはイエスが仄《ほの》めかしもしなかった諸規律をキリスト教に導入して、がんじがらめの制度に仕立て上げた。パウロはイエスには個人的に会っていない。彼はかつてサウロとしてキリスト教徒を迫害していたが、ある日「おまえはなぜ私をそんなに迫害するのか？」というイエスの声が聞こえ、同時に三日間目が見えなくなり、ふたたび見えるようになったとき、彼は迫害者から熱狂的なキリスト教徒パウロに変わっていた。

ニーチェはあるところで、このお話を土台にして「パウロは最後までサウロであった」と呟いている。つまり、結局パウロはイエスが考えてもいなかったとんでもない宗教を作り上げたのだから、最後までイエスを迫害し続けた、すなわちサウロであり続けた、と言いたいのだ。

さて、K君は「『報酬』、『報復』、『刑罰』、『正義に基づく復讐』」と「『没自己的』な行為、つまり自己利益を完全に消去した行為」とは「観点が異なっている」と言ったけれど、それにすぎないのではなくて、両者は深いところでつながっている。このつながり、誰かわかるかな。

K　パウロ的徳概念も、表面は利他的を装っているけれど、裏面ではやはり復讐心に燃えている、ということじゃないでしょうか？

まあ、そうなんだが、まだつながりを突き止めていないようだ。みんな、ちょっと前回読んだ一六七ページの初めを出してくれないか。念のためK君、読んでみて。

わたしはきみたちの心底の一切の秘密を明るみに出すであろう。かくて、きみたちが掘り返され砕かれて日の光にさらされるとき、きみたちの仮相もきみたちの真相から分離されるであろう。

というのは、これがきみたちの真相であるからだ。すなわち、きみたちはあまりに清純すぎるので、復讐、刑罰、報酬、報復といった不潔な言葉は、きみたちにはふさわしくないのだ。

はい、そこまででいいだろう。Hさん、この前この部分を読んだのだが、憶えているのなら、正しい解釈をしてくれないか。

H　なんとなく憶えているんですが、確かニーチェはすべてを常識から完全に逆転したような気がします。「仮相」が普通の徳で「真相」が普通の不徳。同じように、「不潔」が普通の徳で「清純」が普通の不徳だったような……。

そうなんだが、それじゃ何のことだかわからない。Mさん、わかりました?

M　まったくわかりません。

じゃ、K君、今日初めて参加したMさんにもわかるように説明してくれないか?

K　これは、今日読んだところの二ページ前にあって、さっきのところと同じように、ツァラトゥストラ＝ニーチェの、キリスト教＝パウロ的有徳者たちに対する嫌悪感が表明されています。でも、興味深いことに、ツァラトゥストラ＝ニーチェは、まだ「きみたち」つまり僧侶たちに期待を抱いていて、彼らに向かって「わたしはきみたちの心底の一切の秘密を明るみに出すであろう」と宣告しているのです。彼らは、被っている「仮相」を脱いで「真相」に戻ることができる、「不純」を脱して「清純」になることができると信じています。もっとも、Hさんが言ったように、「仮相」とは隣人愛とか同情といった美名の陰に隠れている「復讐、刑罰、報酬、報復」であって、不潔の極みです。そして、「真相」とは「力への意志」であって、本来彼らは「あまりに清純すぎる」のだからこうした不潔な徳にはふさわしくなく、「力への意志」にふさわしいはずなのです。

要領よくまとめられたね。K君がここまで言ってくれたから、もうあとは説明するまでもないと思うが、「復讐心」と「山上の垂訓」に代表される「弱いから、無能だから、苦しんでいるから、何も与えられていないから正しい」という道徳――これをニーチェは「奴隷道徳」と呼ぶ――は、互いにぴったり肩を寄せ合って歩いている。キリスト教の「没自己的」な徳とは、こうした不幸な人々の復讐心に油を注ぐことによって成り立っている、とニーチェは言うんだね。

ちなみに、後ろの吉沢さんの訳注（四一九ページ）では、「だが、多くの者たちは、直接的に端的に自己を正しいとすることを得ないので、没自己的であることを意志し、それを正義、善等々と、つまり自分の徳と称する」とあるが、ちょっとニュアンスが違うんじゃないかなあ。多くの者は、「直接に端的に自己を正しいとすることを得ない」のではなく、むしろ「弱いから……正しい」という凝り固まった信念に陥っているから、それを支援してくれる教説を熱望するのだ。言いかえれば、もっと作為的で、もっと狡賢《ずるがしこ》く、もっと欺瞞的なのだよ。

自分が書いた本のようにニーチェが正確に読める

R　先生、いいですか？　そこのところは、先生のいまの解釈でいいと思いますが、「真相」はKさんのように「力への意志」によって置き換えるより、むしろ前回読んだ一六八ページの一行目「きみたちの徳がきみたちの自己であること、かくて何か外来のものとか、皮膚とか、虚飾とかでないこと、これこそ、きみたちの魂の根底からする「きみたちの」真相なのだ」という個所に対応しているんじゃないですか？　結局は同じかもしれませんが。

そうそう、その通り。私もうっかりしていたが、そこに「真相」という言葉が出てきて、「きみたちの魂の根底からする真相」とまで丁寧に説明している。Rさん、さすがだね。さて、では一七〇ページに戻ることにして、ちょっと時間が残っているから、あと二行進もうか。Jさん、読んでください。

ああ、わたしの友たちよ！　母が子のなかにあるように、きみたちの自己が行為のなかにあること、これこそ徳についての、きみたちの言葉であらんことを！

　これ、わかるかなあ。ここで、ツァラトゥストラ＝ニーチェは「母が子のなかにあるように」と言っているが、普通は「子が母のなかにある」んじゃないだろうか？　どうして逆なんだろう？　K君、わかるかな？

K　いや、わかりません。

　F君は？

F　ぼくも、どうしてもわからない。

じゃあ、やっぱりRさんに当てるしかないか。

R　私もよくわからないんですが、母は子を産み出しますが、そのことによって子の中、つまり体内には母の遺伝子があるんじゃないでしょうか？　つまり、母こそが子の本質を成していると言えます。それと同じように、自己こそが個々の行為の本質を成している。言いかえれば、個々の行為は、子が母から産み出されたように、自己から産み出されたものなんです。ですから、この部分も、さっきの「きみたちの徳がきみたちの自己であること」という文章に対応しているんだと思います。

いやあ、本当に驚くねえ。自分が書いた本のようにニーチェが正確に読めるんだから。Rさんは、もしかしたらニーチェの生まれ変わりじゃないの？（全員、笑）

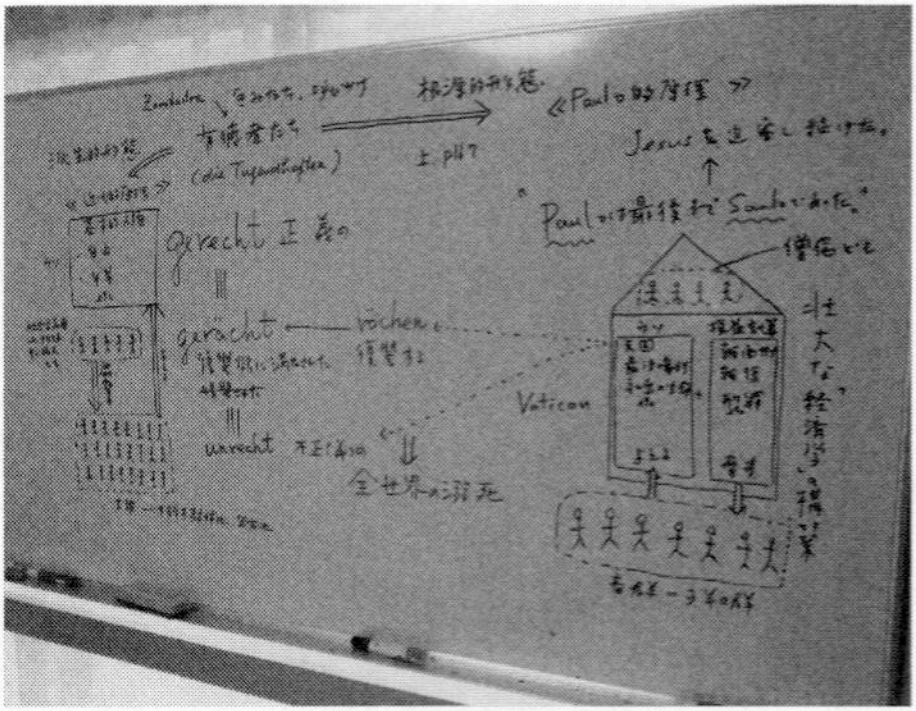

『ツァラトゥストラ』の授業の跡

第五講　キルケゴール『死に至る病』

セーレン・オービエ・キルケゴール（Søren Aabye Kierkegaard, 1813-1855）

デンマークの哲学者、思想家。ヘーゲルの影響下に哲学を始めるが、転じてその思想やデンマーク国教会に対する痛烈な批判者となった。実存主義の創始者、あるいは先駆者とされ、弁証法的神学に与えた影響は現代にまで及ぶ。『不安の概念』『おそれとおののき』『あれかこれか』『野の百合と空の鳥』等、哲学的著作のほか、美的著作、宗教的著作も多くものしている。

『死に至る病』（*Sygdommen til Døden*, 1849）

偽名（アンティ＝クリマックス）で発表された哲学書。副題は「教化と覚醒のためのキリスト教的、心理学的論述」。キリスト教における「死に至る病」とは絶望にほかならず、それこそがキリスト教が説く罪そのものであると論じる。近代的自我が内包する人間の救いのなさを描くことでヘーゲルを頂点とする近代理性主義を痛烈に批判した。

〈テキスト〉

『死に至る病』斎藤信治・訳　岩波文庫（岩波書店、一九五七年）

〈参加者〉

A（家庭の主婦、五〇代）

E（地方公務員、男、三〇代）

F（物理学科の大学院を出た塾講師、男、三〇代）

O（出版社勤務、女、四〇代）

R（小説家志望のフリーター、女、二〇代）

S（IT企業の社長、男、三〇代）

T（哲学科大学院の学生、男、二〇代）

W（哲学科を中退したフリーター、男、三〇代）

Y（会社社長、男、七〇代）

キルケゴールとニーチェはちっとも似ていない

キルケゴールはよくニーチェと対比されるけれど、この二人はちっとも似ていない。人間としては、正反対の性格とさえ言えると思う。キルケゴールは、外見は優男だが、じつはとても男性的であり、闘争的であり、素手で権威権力に向かっていくところがある。

後年にはジャーナリズムを相手に戦い、風刺画の材料にされ、揶揄され嘲笑され、デンマーク国教会を相手として戦い、力尽きて路上で倒れて死んでいく。牧師になった兄との縁も切り、臨終のさいにも会おうとせず、牧師による最後の懺悔も拒んだそうだ。

これに対して、ニーチェが表立って権威・権力に正面から対抗したということは、生涯なかった。あれほど著書では徹底的に足蹴にしている教会権力に対しても、わずかにも具体的に戦った形跡はない。『悲劇の誕生』出版後、学界からほとんど村八分になったときでさえ、堂々と抗弁はしなかった。ワーグナーに対しても、バイロイト以降の俗物性を激しく糾弾しているが、本人に堂々と歯向かいはしなかった。こうしたことから、ニーチェはむしろ、弱く、傷つきやすく、(いわゆる)女性的な男ではないかと私は思っている。

キルケゴールは当時のコペンハーゲンにおいて人気作家の一人であったのに対して、ニーチェは自費出版で(あるいは自ら出版社に出版費を支払って)数百部の本を出し続けただけであった。風刺画の材料でもいいから有名になりたかったにもかかわらず、彼の周囲の狭いサークル以外まったくの無名のまま留まった。

キルケゴールは弁舌さわやかで都会的で魅力的な男であり、深窓の令嬢レギーネと婚約し一年後にそれを破棄したのみならず、数々の女性たちを思いのまま射止めかつ捨てることのできる「誘惑者」を演じていた。だが、ニーチェは鈍重で田舎っぽく典型的な「もてない男」であって、ニーチェの授業でもちょっと触れたが、コジマやルー・ザロメという女王的風格の女性を崇めながら（ルー・ザロメには結婚の申し込みまでしている!）、男としてはまったく相手にされず、それ以外にも特定の女性から愛された経験はなかった（ようである）。そして、狂気の直前まで母親に愛情あふれる手紙を書き、狂気に陥ってから彼を「世間の荒波」から守ったのは母と妹であった。

また、二人を読み比べて大いなる差異を感ずるのが、キルケゴールにはすさまじいまでの自己嫌悪感があるが（もちろんそれは自己優越感に裏打ちされているのであるが）、ニーチェにはそれがまったくないということだ、あれほどめったやたらに他人を切りつけながら、「そういう自分は一体何なのだ?」という問いが欠如している。自己批判精神がこれほど欠如した男も珍しい。

と、こう挙げていけば違いはきりがないが、私はどうも人間としてのニーチェを高く評価できないが、キルケゴールはかなり評価している。その頭の切れ味は抜群であり、これほど言語の「逆説的効果」を考えて物を書いている哲学者もいない。語ることとそのことによって、そのもともとの意味が微妙にあるいは画然と、しかもしばしば逆説的に変化することを全身で知っていた作家もいない。

だから、キルケゴールを読解するには、ずいぶん高度の技術が必要だ。ニーチェの場合、文章の難しさは、そこに表面的に書かれていることの正反対を探っていけばだいたい読める、すなわち、キリスト教やプラトン主義を単純にひっくり返せば、だいたい読解できるが、キルケゴールはそうはいかない。それは、彼が学位論文『イロニーの概念』以来、イロニーという方法に体感的に通暁していること、常にこれをフルに回転させて文章を書いていることに支えられている。

彼はデカルトのように、明晰判明に一意的意味を伝えようとする文章は書けないのだ。むしろ、彼の表現が直ちにその否定を含み、さまざまな具合に「乱反射」するような文章しか書けない。彼は文章の「客観的意味」を伝えたいのではなく、初めから読者一人ひとりが異なって解釈することも計算に入れている。あるいは、素朴に考えればわれわれはすぐに矛盾的状況に陥ることもはじめから計算に入れている。

例えば、「真理は主観的である」という彼の思想の中核をなす命題を採っても、たちまちわれわれは行き詰まる。それでは、キルケゴールがあれほど攻撃したヘーゲルが語ることも「真理は主観的である」のだから真理なのか、各人が勝手に真理とみなすものが真理なのか、このように、すべてが相対性の泥沼の中に落ち込んでしまいそうになる。

だが、断じてそんなわけはないであろう？ といって、キルケゴールただひとりが真理に到達していた、と言いたいわけではない。では、何なのか？　答えを保留して、今回は『死に至る病』すなわち絶望の最高形態に入る。それは「絶望して自己自身であろうとする状態」だ。

ここでちょっと付言しておくと、絶望の最高段階をキルケゴールは（デンマーク語の語感はわからないのでドイツ語を掲げると）「Trotz」と名付けている。これを翻訳者の斎藤信治さんは「強情」と訳しているが、「反抗」のほうがいいのではないか。「神に対する強情」より「神に対する反抗」のほうがすっきりわかるよね。というわけで、以下では絶望の最高段階を「反抗」と呼ぶことにする。

絶望というカテゴリーにおいて、客観的尺度と主観的尺度は逆転している

じゃ、さっそくAさん、一四五ページ最後の行から読んでください。

さて、絶望して彼自身であろうと欲するところのかかる苦悩者のうちに、意識がより多く存在すればする程、それだけまた絶望の度も強くなってそれはついに悪魔的なるものにまで至る。悪魔的なるものの根源は普通次のようなものである。絶望して自己自身であろうと欲するところの自己は、いかにしても自分の具体的自己から除き去ることも切り離すこともできない何等かの苦悩のために呻吟する。

まず注意しておくと、ここで「悪魔的」という日本語に訳されている言葉は「dämonisch」であって「teuflisch」ではない。後者はまさに悪魔の仕業のようなものだが、前者は善悪いずれでも、とにかく並の人間の行状とは思われないようなスケールの大きい仕業だ。ここでは、「絶望して彼自身であろうとする」すなわち「絶望しても神にすがらない」のであって、神に挑戦する絶望状態だから、後者の意味も含まれているがね。

初めに確認しておくと、絶望というカテゴリーにおいて、客観的尺度と主観的尺度はむしろ逆転している。Oさんはずっと出ていたから、何のことだかわかるだろう？　説明してください。

O　うまく言えるかどうかわからないけど、いま読んだところにあった「意識」の問題だと思います。「意識がより多く存在すればする程、それだけまた絶望の度も強くなって」いくというわけですから、これを言いかえれば「意識がより少なく存在すればするほど、それだけまた絶望の度も低くなっていく」ということになります。絶望の意識の度と客観的な絶望の度が逆転するということです。

きれいにまとめてくれて、その通りなんだけど、いまの最後に言ったことはどういうことか、具体的に説明してもらいたいのだが……。Sさんもずっと前から参加しているから助け船を出せるだろう？

S　キルケゴールは絶望を、いわば客観的な度と主観的な度という二つの観点から見ています。主観的な度とは、いまOさんが言われたように意識の度で、絶望状態に陥った人がそれぞれ自覚している絶望の強さです。これに対して、客観的な度というのがよくわからないんですが、キルケゴールは本書で「絶望の段階」を分けていますから、キルケゴールの分類による絶望の深さ（高さ）の段階とでもいうものかなあ……。

まあ、それで大体いいだろう。今日はじめて授業に参加する人もいることだから、あらためて整理しておくと、Sさんの言ったように、キルケゴールは初めから「絶望の段階」を提示している。それは、まず（A）自分が絶望状態にあることを知らない段階と（B）自分が絶望状態にあることを知っている段階とに分かれる。もちろん、（A）より（B）のほうが「上」なのだ。ここで説明が必要だが、「上」とは、キリスト教の信仰段階において「上」なのだが、同時に「絶望は罪」なのだから、「普通の（ルター派の）」見方によると「下」ということになる。まったく絶望していない人こそ最も高い段階なのだが、キルケゴールによると、それはほとんど理念であって、現実にはありえないのだね。

とすると、むしろ現実に見られる「まったく絶望していない人」は、「絶望することさえできない人」として最も下に位置するのだ。それは典型的には異教徒だが、無知なのだから有罪ではない。だが、キリスト教徒であって、かつ「絶望していない人」はそうではない。彼（彼女）は異教徒とは違って、「本来絶望することができる」はずなのに、「現に絶望していない」のだから、自己自身を、すなわち、自己自身のうちにある「永遠なるもの」を見ていない、これは最低の段階であるわけだ。

（B）は（α）絶望して自己自身であろうと欲しない場合と（β）絶望して自己自身であろうと欲する場合に分かれる。今日読み始めたのは、この最後の（β）という段階だが、その前の（α）がまた（1）地上的なものについての絶望と（2）永遠なるものに対する絶望とに分かれる。これはわかりやすい。（1）はこの世で具体的な願望が叶えられないから絶望するのであって、それはキルケゴールからすれば程度の低い絶望である。（2）はこの世のものへのあらゆる執着を絶って、永遠なものを求めている段階。だが、彼（彼女）はそれが得られないので、自虐的になり果てては自殺を試みるかもしれない。キルケゴールは、（β）を「強さの絶望」と呼ぶのに対して（α）を「弱さの絶望」と呼んでいる。

わかるだろう？　異教徒を視野から除くと、キリスト教徒にとって、なるほど絶望は罪なのだが、現にまったく絶望していない人、あるいは地上の事柄に関してのみ絶望している人は、「永遠なるものを求めていない」ことを示しているのだから、かえって絶望的なのだ。そして、地上におけるあれこれの事柄にではなく永遠なものに対して絶望している人は、そのすべてによって「永遠なるものを求めている」ことを示しているのだから、いま言った人々より絶望的ではないのだ。

具体的自己＝実存をもって理解しなければならない

さて、一応こうまとめることができるが、質問はないかな？

S　いまの先生の説明については疑問がないのですが、そうすると、（B）の（α）までの段階と最後の（β）つまり「反抗」とのつながりがよくわからなくなります。だって、「自己自身である」とは自己のうちにある「永遠なるもの」を自覚することでしょう？　それを自覚することのほうが客観的絶望の段階は「上」なんですよね？　でも、最後の最後に至って、「絶望して自己自身であろうと欲するところの自己は、いかにしても自分の具体的自己から除き去ることも切り離すこともできない何等かの苦悩のために呻吟する」とありますが、これはどう読んでも「自己のうちにある永遠なるもの」とは違うというか、むしろこれとは対立するような自己自身だと思います。「具体的自己」とはっきり書いてありますし。とすると、絶望の最も「上」の段階で、われわれはまた「自己のうちにある永遠なるもの」を振り捨てて、人間的自己に戻るってことですか？

ああ、Sさんはとてもよくキルケゴールを理解しているねえ。まったく正しい問いであって、その問いに「反抗」というこの絶望の最終段階の理解がすべて懸かっていると言ってもいいほどだ。私はまさにSさんの質問したことをみんなに聞きたかったのだが、Sさんに先を越されてしまった。授業妨害だね（笑）。そうなんだ。「具体的自己」すなわち「実存」こそ、キルケゴールが最もこだわるところであり、当時のルター派が最もこだわらなかったところだ。まさにここに、キルケゴールはルター派の欺瞞を見抜く。なるほど「自己のうちなる永遠なるもの」を自覚することも大切であろう。だが、教会でも学界でも、それしか教えず、同時にこの具体的自己であること、この絶対的な重さを教えない。永遠なるものの自覚は具体的自己を脱ぎ捨ててではなく、まったく反対に、その重みをしっかり受け止めてはじめて達せられるのだ。これこそ彼が命を懸けて語りたかったことなんだよ。

ちょっと前に、ええと、一四二ページだ。一二行目の「しかし」からだが、T君、読んでくれないか。

しかし地上的なる苦悩現世的なる十字架が取り除かれるという可能性に人間が希望を持とうとしないのも、これもまた絶望の一つの形態である。絶望して自己自身であろうと欲しているこの絶望者は、そういう可能性に希望を持とうとは欲しない。肉体のこの刺（それが現実的なものであるにしろないし彼の熱情が彼にそう思いこましているようなものであるにしろ）は自分のうちに非常に深くささりこんでいるのでとうていそれを引抜くことはできないものと彼は確信している、そこで彼はいわばそれを永遠に自分の身に引受けようと欲するのである。

ああ、そのくらいでいいよ。「十字架」とは抽象的なものではない。誰でも原罪を犯しているとまとめられるものではない。まさに、各人は具体的自己が背負わねばならない「現世的なる十字架」を放棄できないのだ。

Sさん、だいたい方向は見えただろうか？

S　ええ、まさに眼から鱗が落ちたようです。

お世辞はいいよ（笑）。他の人もいいかな？　いま私が言ったようなところ、すなわちキルケゴールが最も伝えたいところ（それを彼は意図的にはっきり言わないのだが）を襞《ひだ》に至るまで正確に読み解くこと、これがキルケゴールを読む醍醐味だ。ちょっと老婆心（爺心？）から付け加えると、その場合賢い者は、ははーん、ここには「自己のうちなる永遠なるもの」と「具体的自己」との弁証法的関係があるんだな、と定式的・概念的に片付けようとするが、こうした態度を彼は最も嫌う。まさに宿敵ヘーゲルの子分のようだとして。そうではなく、各人は以上のことをまさに具体的自己＝実存をもって理解しなければならないのだ。わかるだろうか？

というわけで、キリスト教信仰の深さ（高さ）という客観的視点から見た絶望の最高段階において、「絶望して自己自身であろうと欲するところの自己は、いかにしても自分の具体的自己から除き去ることも切り離すこともできない何等かの苦悩のために呻吟する」。つまり、こうした自己は、主観的視点から見ると、最も絶望の意識の高まった状態、すなわち最も罪の意識の高まった状態として、信仰から最も遠いところに位置する。

じゃ、あまりくどくど説明するのも教育上よくないから、次を読んでもらおうか。Eさんは今日が初回だけど、読むことはできるね？　その前に、いまの私の説明はどのくらいわかった？

Ｅ　全然わからないと言っていいのですが、それでも何か雰囲気だけはわかった感じです。

まあ、いいだろう。じゃ、読んでください。

さて、当人はまさにこの苦悩に向って彼の全熱情を注ぎかけるので、それがついには悪魔的な狂暴となるのである。そのときになってよし天に坐《いま》す神とすべての天使達とが彼に救いの手を差し延べて彼をそこから救い出そうとしても、彼はもはやそれを断じて受け入れようとはしない、いまとなってはもう遅すぎるのである。以前だったら彼はこの苦悩を脱れるためにはどんなものでも喜んで捧げたであろう、だのにその頃彼は待たされていた、——いまとなってはもう遅いのだ、いまは、いまは、彼はむしろあらゆるものに向って狂暴になりたいのである、彼は全世界から全存在から不当な取扱いを受けている人間のままでいたいのだ。

この翻訳は、正確でいいものだが、「のである」や「のだ」が多すぎる。西田幾多郎など東洋思想関係の著者にもその傾向は強いが、文章の最後に「のである」を使うのは、いま書いた文章を読者に説得したいのだが、論理的というよりむしろ感情的に「こうだからこうなのだ」という気持ちの現われであるように思う。文章としても眼障り・耳障りで、どうしても好きになれない。

それはともかく、さっき私がずいぶん丁寧に説明したから、この部分はよくわかるのではないかな？　じゃ、「悪魔的な狂暴」って何だろう？　キルケゴールは女性にわりと人気があるが、Oさん、どうだろう？

O　そうですね。表面的な解釈しかできませんが、「悪魔的な狂暴」になりうるのは、彼が「永遠なるもの」を求めていて、しかも「具体的自己自身」を振り捨てられないからだと思います。どちらか一つを切り離せれば凶暴も、先生がさっき言われた意味で「悪魔的」にはならないのではないでしょうか？

Oさん、なかなか要領よくまとめてくれた。でも、まだ最も肝心なところを解読してくれていない。それは「悪魔的な狂暴」に身を任せるのではなく、もっと積極的に「あらゆるものに向って狂暴になりたい」というところ、「全世界から全存在から不当な取扱いを受けている人間のままでいたい」というところだ。なぜ、こんな願望を持つのだろう？

O　「もう遅すぎる」から、やけっぱちになっているんじゃないですか？

ははは、とても素直な答えだ。そして、それほど悪くない答えだね。「やけっぱち」をもう少し説明してもらいたいのだが。

T 「永遠なるもの」と「具体的自己自身」を見比べると、前者をより尊重しなければならないことがわかっているのに、どうしても後者にしがみついてしまう自己に対する嫌悪感みたいなものかな、って思います。

T君は秀才だから、当たらずといえども遠からずの答えを出す能力はあるが、ちょっとニュアンスが違うなあ。「自己嫌悪」と呼んで片付けていいものだろうか？

R 自己嫌悪というより、そういう自己を罰したいという気持ちじゃないですか？

そうそう、Rさん、やっと発言してくれたが、「自己嫌悪」より「自罰」のほうが適切だね。これは、少なからぬ人々にとっては不可解かもしれないが、それほど奇妙なものではない。絶望は罪であるから、そういう状態に陥っている自分を罰しなければならないのだ。

これはキルケゴールの要とも言える「思想」であって、前に何度も出てきた。人はこの最高段階の絶望状態に受動的に追いやられたわけではない。まさにこの段階に昇る過程を一歩一歩能動的に選び取ってきたのだ。だから、そういう自己を罰しなければならないのだ。

誠実であろうとする限り、「反抗」という絶望の最高段階に至る

ずっと前にはっきりそう書いてある場所があるが、憶えていないかな？　……ああ、三〇ページの五行目だ。

> 絶望の現実的な各瞬間がその可能性に還元せられるべきである、――絶望者は彼の絶望している各瞬間に絶望を自分に招き寄せているのである。

次のページの一行目にもある。

> ……そこで人間は絶望している各瞬間ごとに絶望を自分に招き寄せているのである。

各人がキリスト教徒として自己をごまかさなければ、この段階にいたるよりほかない。その意味で、この段階は必然的な段階である。だが、それにもかかわらず、各人はこの必然的な過程を自ら選び取ってきたのだ。ここに、「原罪」の核心が潜んでいる。

T　それはわかりますが、でも、誰でも自己を「ごまかすこと」もできるのですよね。その最低段階の場合は、そもそも絶望状態にあることさえ気がつかないのですから、そのまま生きて死ねば、そこに何の問題もない気がしますが。やはり、最後の審判によって裁かれるからダメなのですか？

ああ、T君の疑問はもっともだが、「キルケゴールの嫌ったヘーゲル的・定式的・概念的思考の臭いがする。最後の審判はおくとしよう。ここに隠れているキーワードは「誠実性」ではないかと思う。もちろん、各人は自己をごまかして絶望の最低段階に留まることもできる。だが、それは自己に不誠実な態度であり、キルケゴールは取ることができない。われわれは誠実であろうとする限り、「反抗」という絶望の最終段階に至る。そして、キリスト教徒であって、誠実であろうとしない者は、キルケゴールにとっては自己矛盾であり、異教徒と同様、彼が真剣に取り組む対象ではないのである。

次の文章に至って自罰的態度はさらにはっきりする。Yさん、読んでください。

だからしていまはかえって彼が自分の苦悩を手もとにもっていて誰もそれを彼から奪い去らないということこそが彼には大切なのである、——それでないと彼が正しいということの証拠もないし、またそのことを自分に納得させることもできない。このことが最後には非常に深く彼の脳裏に刻み込まれるので、彼は全く独自の理由からして永遠の前に不安を抱くことになる、——永遠は彼が他人に対して持っている悪魔的な意味でのかかる無限の優位から彼を切り離し、彼が現にあるがままの彼であって構わないという悪魔的な権利を彼から奪い去るかもしれないのである。

Yさん、わかったところまででいいから解釈してください。

Y　どうも、この男は苦悩が奪い去られることを望んでいないという感じはわかるんですが……。

Yさんは社会的成功者だから、こういうひねこびた論理はわからないのかなあ……という皮肉はともかくとして、もっと個々の言葉に食いついて正確に読んでもらいたい。

O　前のほうに「正しい」という言葉がありますが、これは先生が言われた「誠実性」に置きかえられるような気がします。自分が誠実であるためには、自分は永遠なるものに反抗しているのだから、罪を犯しているのであって、罰せられねばならないんです。

そうそう、大筋はそういう論理だよね。だが、もっとえぐり出すように語れないかなあ。「永遠の前に不安を抱く」って書いてあるが、ずいぶんヘンな不安だよね。永遠なるもの

（神と言いかえてもいい）が、自分を救済してしまうかもしれないという不安なんだから。これ、どういうことなんだろう？

S　後ろのほうに、「彼が他人に対して持っている悪魔的な意味でのかかる無限の優位」とか「彼が現にあるがままの彼であって構わないという悪魔的な権利」という表現がありますが、これは永遠なものに反抗する具体的自己のことでしょう？　自分はこんなに罪人なのだから、そんなに簡単にその罪が贖われてはならない、という自虐的倫理観のようなものじゃないのですか？

まあ、七割方読めているかな。ちょっと気になるのは、「自虐的倫理観」という言葉が示しているように、いまの解釈はフロイトなどが強調する「罪責感」という思想のように聞こえてしまうことだ。実際には何の事実的裏付けもないのに、過度に罪の意識を持ってしまうという精神病理現象としての。だが、そうではない。キルケゴールにとっては、これこそ最も「正しい」人間のあり方なのだから。

R　いまの先生のヒントで、ちょっとわかったような気がします。自分は「正しく」つまり、自己に誠実に生きようとすると、どうしても自罰的にならざるをえない。でも、もしかしたら神は具体的身体に染みついた罪にもかかわらず、私を救済するという判決を下すかもしれない。しかし、私は、そんな判決を受けるに値しないのだから、それは「不当」である。私は、神がそのまま私を有罪にするという判決を望む。

そうそう、だいぶ深いところまで解釈が進んだ感じだね。じつはこの部分は原罪を背負った各人をイエスが肩代わりして（自分が磔になることによって）救済する、という『ローマ書』を下敷きにした記述なのだよ。

キルケゴールが問いかけるのは、みなさん、ほんとうにそんなにウマい話をやすやすと信じているんですか、こんなにウマい話は疑ってみるのが当然ではないですか、ということ。確かにこれがほんとうのことなら儲けものである。だが、誠実に生きようとするなら、こんな途方もない儲け話などやすやすと信じられるはずがないじゃないか？　疑いで一杯になるはずじゃないか？

ここで大事なことは、だがこうした疑いこそイエスに躓《つまず》くことであり、キリスト教信仰にとって最も有害であること、その一見不合理な事実をそのまま信じることこそ信仰を堅くすること、これをすべて自覚しての疑いなのだ。

だから、キルケゴールの「反抗」とは、ニーチェのアンチ・クリストのように神にまともに矛先を向けることではなくて、それこそキリスト教徒にとって最大の罪であることを自覚しつつ、イエスに全身全霊でいわば誠実に躓くことなのだ。こうした状態にある彼は、ただ疑いのうちにいるだけではない。彼は絶大なる苦悩のうちにいる。だから、彼は「正しい」のである。

ニーチェのものの見方は他罰的だが、キルケゴールは自罰的だ

キルケゴールが「反抗」という言葉で表したかったものが、だんだん明らかになってきただろう？　それにしても、（たぶん）あまりキリスト教の背景的知識はないのに、Rさんはよく核心をつかむことができたね。

R　でも、私にとってキルケゴールはとてもわかりにくい。ニーチェはすぐ、あっそうかってわかるのに……。

それは、Rさんの精神がかなり単純だからだよ（笑）。敵が「そと」にあって、それに向かっていくというドン・キホーテが単純なように。これは単にけなしているんじゃなくて、若々しく健全だということ、どんなに身悶えしてもそこに一抹の滑稽さが漂っているということだ。

ニーチェって、何かコミカルだよね。だが、キルケゴールはコミカルではない。なぜなら、ニーチェはいつも大まじめであり、自分自身を笑う視点が絶対的に欠けているから。キルケゴールは自分自身をアイロニカルに扱うことによって、読者の嘲笑を避ける手法を知っている。

あるいは、こう言いかえてもいい。ニーチェの敵が「そと」にあるのに対して、キルケゴールの敵はむしろ「うち」にある。だから、ニーチェのように神を殺せば済む話ではない。ニーチェがパウロやパウロ主義を攻撃しても全然心が痛まないのに対して、キルケゴールがデンマーク国教会を批判すればするほど、彼は自責の念に襲われる。なぜなら、いかに自分が正しいとしても、彼はキリスト者の仲間に対して尊大だからだ。キリスト者として最も大いなる罪に陥っているからだ。

だから、キルケゴールは不正を無視することもできず、といってそれを告発する自分の不正にも耐えがたい。こうした、繊細な力学をニーチェは知らない。キリスト教をパウロ主義を批判する自分が不正だとはつゆ思わないのが、ニーチェなんだから。

R　よくわかります。ということはツァラトゥストラの授業の最後で、先生が私のことを「ニーチェの生まれ変わりじゃないの」と冗談めかしておっしゃったのは、全然褒め言葉ではなかったのですね？

いや、完全な褒め言葉だよ。キルケゴールを評価するかニーチェに共感するかはまったく趣味の問題で、どちらが「上」だとか「下」だとかは言えない。ただ、ニーチェのものの見方はどこまでも他罰的だが、キルケゴールは一貫して自罰的だ。これは大きな違いであり、私は自分が自罰的な人間だから、ニーチェに対して点が辛くなるのだよ。

R　私、先生に言われて以前から自分についてうすうす思っていたことにいまはっきり気づかされたのですが、私ってかなり単純で、「原罪」とかわかりませんし、確かに物事の見方が基本的に他罰的ですね。

Rさんは小説家志望だろう？　いま言ったこと、単純で他罰的なことは――全然皮肉じゃなくて――小説家として成功する重要な要素だと思う。私の知っている小説家はみな恐ろしく単純で他罰的だからねえ。

ずいぶん舞台裏まで立ち入って解釈したから、あとは比較的簡単に読めると思う。キルケゴールは、この独特の「思想」を、神経症のように巻き返し繰り返し表明し続けるのだから。

じゃ、F君、次を読んでくれないか。

彼は彼自身であろうと欲する。彼は自分の具体的自己からの無限の抽象をもって始めた、しかるに今や彼はついにそのような仕方で永遠となることはとうてい不可能であるまでに具体的となった、——にもかかわらず彼は絶望的に彼自身であろうと欲するのである。ああ、何という悪魔的な狂想であろうか！　永遠がもしかしたら彼の悲惨を彼から奪い去ることを思いつくかもしれないということに思い到るとき最も狂暴になるというのは！

もう、ずいぶん読めるだろう。表現が異なるだけで、基本的思想は同じなのだから。「彼は自分の具体的自己からの無限の抽象をもって始めた」とは、この『死に至る病』がそうであるように、彼は具体的自己から眼を離し、自己のうちなる永遠なるものにすがっていくことから始めた、ということだ。「しかるに今や彼はついにそのような仕方で永遠となることはとうてい不可能であるまでに具体的となった」。だが、そうして罪にまみれた具体的自己を永遠なるもののうちに溶解させて信仰の段階を昇り続けること、それが彼にはもはや不可能になったのだ。

彼は「真実」を見てしまったからだ。彼は、神が彼を救おうと手を差し延べているというのに、それを振り切って「絶望的に彼自身であろうと欲する」。この背後には、当時のルター派（デンマーク国教会）の堕落という問題意識が潜んでいる。聖職者も教会に押し寄せる信者も、イエスと同時代人の抱いた「はたしてこの男は神の子なのか？」という根源的問いをすっかり忘れて、たるんだ顔付きでアダムによる原罪を、そしてイエスによる贖罪を語り続ける。キルケゴールは、イエスと同時代人の教会を「戦闘の教会」と呼び、これに対し現代の教義化され制度化された教会を「勝利の教会」と呼んで、後者の怠惰を告発する。その緊張のまったく欠けた信仰のあり方に、反旗を翻すのだ。

これこそ、彼の「イロニー」という手法である

E　先生、いいですか？

ああ、質問はいつでも受け付けるよ。

E　いまの先生の説明でまたわからなくなってしまったのですが、じゃあ、そんなに正しい態度なのに、なぜそれをキルケゴールは「悪魔的狂想」とか「最も狂暴」とか呼ぶのですか？

ああ、なかなかいい質問だ。キルケゴールをまったくわかっていない、いやわかろうとしない質問だけどね（笑）。

ああ、ごめん。じつはぼくはE君のような読み手を大切にしたいのだ。どんなクセのある

テキストでも、まずはどこまでも通常の論理に従って正確に読んでいく態度は、最も必要なものだよ。そうすれば、次第にそのテキスト独特の「論理」もわかってくるからね。はじめから、ずっとキルケゴール独特の論理に入っていける読み手はごく稀で、多くの場合、通常の論理とキルケゴール独特の論理とのあいだを揺れ続けて、読み進むに従ってますます混乱してしまう。混乱してきたら、むしろ通常の論理に戻ることが必要なのだ。

さて、E君の質問だが、これに答えるにはキルケゴールの作家としての独特の「仕掛け」を把握しなければならない。

キルケゴールは大した曲者《くせもの》であって、自分を二重化、三重化して、自分の思想を伝えるという方法をとる。本書の扉を見てごらん、「アンティ＝クリマックス著、セーレン・キェルケゴール編」とあるね。「アンティ＝クリマックス」とはこれまで何度も使った仮名であり、キリスト教信仰において現実の自分よりはるかに進んだ段階に至った者であり、「セーレン・キェルケゴール」とは現実の自分だ。だから、これは理想的な自分が現実の自分を対象化して書いているとも、キリスト教の信仰を堅く持った自分がキリスト教の信仰に根本的な疑いを抱く自分を対象化して書いているとも言える。すなわち、「反抗」とは、「セーレン・キェルケゴール」から見た「アンティ＝クリマックス」なのだ。

そこで、E君の質問に答えようと思うが、キルケゴールの用語法で注意しなければならないのは、少なからぬ場合、彼は視点を相手（敵）の立場に据えていることである。「絶望」

がその最たる例であって、これはキルケゴールの座標系においては最も絶望的ではない段階、信仰に最も近い段階だよねえ。だが、これこそデンマーク国教会の座標系においては最も絶望的である。同じように、「反抗」もキルケゴールの座標系では最も神と真剣に向き合っている態度なのだが、相手（敵）の座標系においては「最も狂暴」な最も罪の重い段階になってしまう。こうして、彼はとりわけ自分の思想の核心を表したいとき、意図的に相手（敵）すなわち世間一般の座標系において位置を占める用語を使うのだ。

これこそ、彼の「イロニー」という手法である。彼は大学の卒業論文（修士論文）に『イロニーの概念』を提出したが、そこにはすでに彼の作家としての手法がことごとく開示されている。それは、じつはみんなが使っているが、例えば、こういうことだよ。聡明なAが愚鈍なBと対話しているとする。BはAに対して「きみはエゴイストで、怠惰で、薄情で……」と非難し続ける。この非難が非難として成り立つのは、ここに使われている言葉がマイナスの価値を持っている限りのことだ。だが、Aはまさにこれらの言葉をプラスの価値とみなしている。だから、「エゴイストで、怠惰で、薄情である」とはAにとっては褒められたことなのだ。

そこで、AはBの言葉をそのまま受け容れ「そうだ、ぼくはエゴイストで、怠惰で、薄情である」と語る。「そうれみろ」とBは勝ったつもりだが、じつは負けたのである。すべての言葉にAによる座標転換がなされていることを知らないのだから。

いいだろうか？　ここでAが「愚かなBよ、ぼくにとってエゴイストで、怠惰で、薄情であると非難されたことは、じつは褒められたことなんだ」と語ったら、Aはその言語において世間一般が与えている意味と自分が与える意味との翻訳規則を語ってしまい、世間一般の基準を持ち込んで自分の正しさを語ってしまったことになる。これは、自分の言語をBと同じ世間一般の座標系に位置づけることだ。だから、これを避けるためには、Aは最後まで愚鈍なBに心のうちを語ってはならない。そして、Bを「きみは微塵もエゴイストではなく、勤勉で、同情心に富み……」と褒めたたえ、心のうちで軽蔑すればいいのだ。Aは同じように聡明な者、自分のイロニーに気づく者しか相手にしない。こうして、イロニーを駆使すれば、膨大な数の愚鈍な読者を振り落として、一握りの聡明な読者にのみ自分の思想を伝えることができるのだ。

先に言ったように、キルケゴールは大学を出るころ、すでに婚約している女性（レギーネ）をその婚約者から奪い取って婚約し、しかも一年後に捨てる（婚約破棄）という残酷な仕打ちをした。この事件を彼は生涯の大事件とみなしているが（そうであったろうと思うが）、これをキルケゴールの著作を解読するとき、どの程度考慮するかは難しいところだ。例えば、いま語った複雑な偽名も同じコペンハーゲンに住んでいるレギーネにのみ伝わるようにした仕掛けだという説もあるが、それをあまり強調しないほうがいいように思う。そうでなくとも、彼のイロニーという手法はよくわかるのであるから。

E　いやあ、驚きました。キルケゴールって、ずいぶん策略家なんですね。

　E君はたぶん素直すぎるから驚くのであって、別に驚くことはない。われわれは日常的にも、この手はよく使う。ひきこもりの青年が父親から「怠惰な奴め！」と怒鳴られると、「ぼくはなるほど怠惰だ。でもそういうお父さんの勤勉って何？　毎日、会社に行って与えられた仕事を我慢強く続けるだけじゃないか！」と座標系を転換して応酬するんだ。ニーチェも、この手法を単純な形ではあるが、いたるところで使っている。例えば『ツァラトゥストラ』の冒頭に近いところで、「こうしてツァラトゥストラは没落した」と語っているが、「没落」の原語は「untergehen」で「下に行くこと」。つまり、ツァラトゥストラは人間たちに自分の知恵を授けるために山の高みの洞窟から「下に降りて行った」、これこそ超人へと上昇する一歩なのだから、「下に行くこと」がすなわち「上に行くこと」であるわけだ。「untergehen」には「根拠へと向かう」という文字通りの意味もあるから、ドイツ語で読むともっとわかりやすいがね。

悪魔的な絶望は人目につかない

もうこの辺りでいいだろう。次に行こうか？　Rさん、読んでください。

この種の絶望は世間では稀なもので、本来ただ詩人のもとでのみ、すなわちその作品中の人物にいつも「悪魔的な」観念性（この言葉の純粋にギリシア的な意味において）を賦与するところの真実の詩人のもとにおいてのみ見出される。とはいうもののそのような絶望に現実のなかで出会われることも実はありはするのだ。しからばその場合かかる絶望に対応している外面はいかなるものであるか！　しかり、そういう「対応しているもの」が実は存在しないのである。秘められたる状態に対応している外面などというのはそれ自身において矛盾であろう、――対応しているものは実は顕わにしているものなのである。むしろここでは外面は全然人目を惹《ひ》くものを持っていない。しっかりと錠のおろされている閉鎖性（或いはこれを内面性と呼んでもよかろう）だけが、ここでわれわれの注目せねばならぬ要点なのである。

さしあたり、そこまででいいだろう。これまで何度も語ったが、キルケゴールを読むには彼の個人史をある程度知っておくことが不可欠だ。

彼が著作の中でただ「詩人」というとき、ほとんどは彼の愛読したシェークスピアを指す。ここでは「真実の詩人」とあるから、間違いなくそう考えていい。シェークスピアの登場人物がそろいもそろって「悪魔的な」観念性に支配されていることはいいだろう？　しかもまさに人間業を超えるようなという「dämonisch」の「ギリシア的な意味において」。だが、ここまでは単なる「枕」であって、彼がほんとうに言いたいのは、「とはいうもののそのような絶望に現実のなかで出会われることも実はありはするのだ」以下、すなわち自分自身のことだ。

そうとわかれば、あとは簡単だ……とひとりで突っ走っていてもしょうがないから、ちょっと質問してみよう。「あと」に書いてあることは、どういうことだろう？　Oさん、どうかな？

O　キルケゴール自身のことでしょう？　少なくとも若いころの彼は、自分が絶望の最終段階に至っていると自覚しながら、とても社交的でドンファン気取りの伊達男で、外面からは絶望などと無縁に見えたのでしょう。

その通りなのだが、もっと言葉の裏にあるものを読み取ってくれないかなあ。

S　絶望の低い段階（地上のものに関する絶望とか弱さの絶望とか）にある人は、むしろ外面と内面とが「対応して」いることが多く、ぶつぶつ不満を並べたり、泣きわめいたり、世を呪ったりするものですが、この「反抗」という絶望の最終段階に至ると、むしろ外見と内面とはいっさい対応しなくなる。内面的にはあまりにも深く絶望しているので、外面的にはむしろまったく絶望していないように見えてしまうということです。

それでいいだろう。これに続く文章は、まさに同じことの繰り返し。絶望の最高段階にある人（キルケゴール自身）がいかに人々を煙に巻いているか、言いかえれば人々の眼はいかに節穴か、えんえんと語っている。ここは、わかりやすいから、気楽に読んでいい。Oさん、さっと読んでみて。

絶望の最低度の諸形態のもとには本来いかなる内面性も存在していないし、或いはともかくもそれについて語るに足るほどのものは何もない。そこでそういう形態を叙述する場合には、そういう絶望者の外面を描写するか或いは少なくともそれについて何か語るところがなければならない。ところが絶望が漸次精神的になり、閉鎖性のなかで内面性が漸次独自の世界を形成するにつれて、絶望がそのかげに隠れるところの外面はそれだけまた漸次人目につかないものになってくる。というのは絶望が精神的なものになればなるだけ、それだけまた絶望者は自ら悪魔的な巧智をもって絶望を閉鎖性のなかに秘めておくことに心を配るので、したがってまた外面をことさら無造作に装い、それをできるだけ無意味な人目につかないものにするのである。

解説の必要はないだろう？　まあ、キルケゴール美学の披露だね。われわれ日本人は内面の気持ちを外面に出すことを嫌うから、この美学はよくわかるんじゃないかなあ。キルケゴールは自罰的だと言ったが、このことと自己愛とは両立する。彼は恐ろしく自罰的であり、かつ恐ろしく自己愛が強い。だから、自分のことを語り出すとつい筆が滑って、留まることを知らない、という風情である。

もう少し続くから、Oさん、残りも読んでしまってください。

童話のなかの妖魔が誰も見ることのできない割目をくぐって姿を消すように、絶望も、精神的になればなるだけ、そのかげに絶望が潜んでいようとは普通なら誰にも思いつかないような外観のなかに住むように心を配るのである。隠れているということはたしかに何かしら精神的なものであり、いわば現実の背後にひとつの密室、全くの自分だけの世界を確保するためのひとつの手段である、――この世界のなかで絶望せる自己はあたかもタンタロスのように休みなく自己自身であろうとする意欲に没頭しているのである。

こういうえんえんと続く「おしゃべり」がキルケゴールの魅力の一つだが、若いころ私はこういう「おしゃべり」が嫌いだった。そのしばしば難解なお話を苦労して読み解いても、結局はほとんど内容に付け加えるところがない、と感じたから。だが、いまはちょっと違う。こういう譬《たと》え話こそ意外と憶えているものであって、ソクラテスのあの次々に具体例を出して議論を進める仕方にも、イエスがいつも譬えを持ち出して話したこととも通じている気がする。

なお、ここで使われている「精神的」とは、意識の経験において最高段階であるというヘーゲル的意味を形式的に引き継いだもので、内容はまったく異なっている。つまり、ここでは意識の最高段階＝絶望の最高段階としての反抗のことだ。

最後に出てくるタンタロスは永遠の飢えと渇きという罰を受けたが、ちょうどそのように、絶望の最高段階に至った者は、「休みなく自己自身であろうと欲する」刑を受けているというわけなのだ。余談だが、このあたり、人間は「自由であるという刑に処せられている」というサルトルの表現を想い起こさせるね。ここまでで、絶望の最高段階としての「反抗」とは何か、大体つかめたことと思う。

キルケゴールの個人的体験を読み込む

このあと、キルケゴールは本書における絶望の諸段階を総覧する。じゃ、Sさん、読んでくれないか？

我々は、そこでは人間が絶望して自己自身であろうと欲しないところの絶望の最低度の形態から始めた（α1）。悪魔的な絶望は絶望が最もその度を強めたところの形態であり、ここでは人間は絶望的に自己自身であろうと欲するのである。

ここまでは単なるこれまでの総まとめだ。だが、そうしながら、キルケゴールはこれまで言わなかったことをふっと思いつくのだね。じゃ、続けて。

この絶望のなかで人間はまたストア的自己自身への溺愛によってないしはまた自己神化によって彼自身であろうと欲するのでもない（自己神化は、無論欺瞞的ではあるにしても、なお或る意味では自己の完全性を目指している）、いな、そこでは彼は自己の存在を憎悪しつつしかも彼自身であろうと欲するのである、惨めなままの自己自身であろうとするのである。

さて、ここはどういう意味だろうか？　Sさんはわかるだろう？

S　そうですね。むしろ、最後の「いな、そこでは彼は自己の存在を憎悪しつつしかも彼自身であろうと欲するのである、惨めなままの自己自身であろうとするのである」から

「逆算」するとわかる気がします。「そこでは」とは絶望の最高段階としての「反抗」では、ですから、これまでの解釈をたどっていけば「自己の存在を憎悪しつつしかも彼自身であろうとする」とか「惨めなままの自己自身であろうとする」はそのまま導けると思います。

「反抗」とは自分の中の永遠なものを自覚しつつ意図的にそれに反抗するのであって、言いかえれば具体的自己自身を憎悪しつつそれに執着するのですから。つまり、その具体的自己が素晴らしいからではなくて、むしろどうしようもなく劣悪だから執着するのですから、「惨めなままの自己自身であろうとする」わけです。イエスとの関係で言えば、イエスが自分に代わって罪を贖ってくれると『ローマ書』に書いてあるにもかかわらず、それを素直に信じることができずにいるほど惨めな自分であろうとする、ということです。

ストア派もまた自己自身であろうとするのですが、それはキリスト者における永遠なものとしての自己に近い理想的自己＝完全な人間である自己自身であろうとするのであって、たとえそれが目下実現されていないにせよ、それを「自己自身」として目指すことができるのは、キルケゴールにとっては、自己溺愛であり、自己神化であることになります。

思っていた以上にうまく答えてくれたね。さて、ここから、『死に至る病』の第一編の最後に向かって、キルケゴールの筆は息せき切って最高の表現へと駆け登る。白熱した思考により次々に生み出された言葉が、言葉の宿命である「客観的意味」を身にまとった瞬間に、「違う！」と叫んで次々に身悶えして墜落していくようだ。しかも——ニーチェと異なり——余裕をもってそういうユーモラスで愚かな自分を眺めている別の自分も透けて見える。こうした言葉が躍動する「ここ」が、キルケゴールの全著作の中でも、精神の緊張において最高峰に位置すると思う。丁寧に読んでいこう。では、またF君。

彼が彼自身であろうと欲するのは単なる強情〈反抗〉の故にではなく、むしろ挑戦せんがためである。彼は自分の自己をそれを措定した力から強情的に〈反抗的に〉引き離そうと欲するのではなく、むしろ挑戦的にその力に迫り、それに自分を押しつけようと欲するのである。彼は悪意でその力をつかまえておこうと欲するのである、悪意の抗議をなすものがまず何よりも先に自分の抗議の向けられている相手方をつかまえておく必要があることはいうまでもない。

どうだろう？　F君、これを自分で納得する言葉に置きかえてごらん。

F　なんとなくわかるのですが、うまくいくかどうかわかりません。二つ目のセンテンスにおける「自己を措定した力」とは神ですから、「反抗」の段階にある者は、キリスト者であって、かつ神に挑戦する者だと言いたいのです。すなわち、彼は、そうした具体的自己自身、さらにそれに執着する自己自身をも「措定した力」（神）に反抗していることを知っていて、この構造のもとではそうした反抗が本質的に不可能であることも知っているのです。

彼は具体的自己を「それを措定した力から強情的に引き離そう」としてもできないことを知っているので、「むしろ挑戦的にその力に迫り、それに自分を押しつけようと欲する」のです。そうですね。親から離れることのできないひきこもりの息子が「こんな自分に育ててどうしてくれる！」と執拗に親を責めるような感じでしょうか。

まず、「反抗」は「悪意」によります。なぜなら、彼は親を責める自分の行為が不当だと思いながら、「自分が悪い」ことを腹の底まで知っていながら、そうするから。彼は親を責めることによって親に叱られることや親を嘆かせることをいわば「期待」しており、さらにそれを通じて「自分が悪い」ことを確認しようとする。そのためには、ぜひとも親を「つかまえておく必要がある」わけです。

F君、いまの実例はなかなかいいね。真に迫っていたよ。きみ自身の体験から思いついた

の？（笑）

F　まあ、ちょっとは……。

と茶化したが、じつはこの辺りはキルケゴール自身の個人的体験が重ね合わされている感じがする。自分はなぜ他のクリスチャンのように素直に神を信じられないのであろう？　イエスが自分の罪を肩代わりして死んでくれたこと、そして復活したことを信じられないのであろう？　神が自分を創ったのだとすると、なぜ、神はこんなにひん曲がった心根の人間を創ったのであろう？

参考程度に、キルケゴールの生涯における印象的な出来事を述べると、まず父親との関係がある。父親は貧しい羊飼いから豪商にのし上がった。彼は羊飼いのときに、神を呪ったことがあり、また結婚前にキルケゴールの母親と性的交渉があり、これらのことに激しい罪責感を覚えていた。生まれた子どもたちが次々に死んで行くのも、神の裁きと心得、死ぬ前にキルケゴールとその兄に自分の過ちを告白し、自分に代わって牧師となるように訴えた。

兄が父の命令を守って牧師になったのに対して、キルケゴールはその衝撃から立ち直れないまま自分は汚れた血のもとに生まれたと確信し、三三歳で死ぬだろうとの予感のもとにすさんだ青春を過ごした。だが、忘れてならないことは、こうしながら、彼は結婚し牧師になること、つまり「立派な市民」になることを夢見ていたということだ。先に触れたように、二〇代の中ごろレギーネと婚約し一年後に婚約を破棄したのだが、牧師の職を放棄するのは、ずっとあとの『死に至る病』刊行のときであったと言われている（すでに三〇代後半であり四二歳で死んだ彼にとっては晩年である）。本書を刊行したら牧師の職は最終的に諦めるしかない、だが、全身全霊をもって書き上げた本書を公にしたい、こうした背景を考慮することも、本書解釈上の何らかのヒントになるかもしれない。

個々の出来事はともかくとして、キルケゴールの中には、処女作の『あれか、これか』以来、神に対する信仰とレギーネに対する愛とが重ね合わされている。誰かを愛する者は、いかに相手が自分に不合理なことをなしても、愛しているがゆえに、相手を責めずにあくまでも自分が悪いのだと思わないだろうか？　これがキルケゴールの根底にある「論理」である。このことから、彼にとって神に反抗することは、まさに「この自分を創った神」に対する反抗である、という独特の論理も見えてくるのではないだろうか？　F君の「ひきこもり」の青年と重ね合わせてもいいが、地団太を踏んで「なぜ、ぼくは生まれてきたんだ！」と叫ぶキルケゴールの姿が目に見えるようじゃないか？

とはいえ、こういう逸話を初めにあまり詳しく述べると、哲学書の解釈がそちらに引っ張られてしまうので、控えておいた。眼前の文字と格闘するという基本姿勢がなおざりにされる危険があるからだ。でも、いまや多くの参加者が解釈できるのであるから、紹介したというわけだ。ぼくの授業はじつに教育的配慮が行きとどいているんだよ（笑）。

じゃ、F君、もう少し読んでみて。

彼は全存在に向って反抗することによって、全存在を、全存在の好意を、反駁《はんばく》しうる証拠を握っているつもりでいるのである。絶望者は自己自身その証拠であると考えているのである、彼はその証拠であることを欲する、——それ故に彼は彼自身であろうと欲するのである、すなわち自己の苦悩をもって全存在を拒絶しうるように苦悩をもったままの彼自身であろうと欲するのである。

このあたりは『聖書』の「創世記」の記述が下敷きになっているから、私が解釈してしまおう。そのあとで質問を受けることにする。

さて、神が全存在を創ったのだから、神に対する反抗とは全存在に対する反抗になるわけだよね。「創世記」で神の天地創造の後「すべては善かった」とあるから、神の創ったものはすべて「善いもの」なのだ。それが、ここに出てくる「好意」という意味だよね。そのように、神は善いものをこれほどたくさん創ってくれたことになっている。それは、まわりを見渡せば、信じられもしよう。ただし、一つの例外だけを除いて。すなわち、セーレン・キルケゴールという創造物を除いて。こんな自分が存在していることは、神の好意を信じたくとも信じられないではないか？　こんなにも「悪いもの」が存在しているのだから、これは「すべては善かった」という神の言葉の反証になるはずだ。自分はあらゆる創造物のうちで、神の言葉に反する唯一の証拠なのだ。いや、自分は唯一の証拠であることを欲する。

おれは神の「書き損ない」である

というわけだが、何か質問あるかな？

W　「創世記」の記述と重ね合わせると、先生の解釈はとてもよくわかります。でも、ぼくは、最後の「欲する」がよくわかりません。事実どう考えても自分は「善いもの」ではない、という確信まではいいのです。でも、なぜその確信がそういう自分を「欲する」という論理に繋がるのでしょうか？

ああ、W君はセンスがいいね。まさに、そこはとても重要なところであり、そこがわからない人はキルケゴールが言いたいことがまるでわからないだろうね。誰かうまく説明してくれないか？

F　なんとなくわかります。さっきの「ひきこもり」の続きですが、世の中を責めて、親を責めて、自分を責めて、もうぐしゃぐしゃになっても、このまま死ぬのもあまりにも自分が惨めだから自殺することもできず、ぐしゃぐしゃになって生きているんですが、そうでいて、ある日奇跡が起こってこうした自分の問題がすっかり解決されてしまうとしても、あるいは「新薬」が開発されて、それを呑むとアッという間に生き生きと生きていけるとしても、なぜかそれを望まない。自分はこの劣悪な自分自身に粉々に砕けるまで痛めつけられているのに、こうした自分を捨てたくない。こうした自分であり続けていたい。まさに、この最低の自分を欲しているんです。

そう、F君、よく説明してくれた。「ひきこもり」の体験もずいぶん役に立つね（笑）。以上のことをキルケゴールの文脈に引き戻して言い直してみると、われわれは具体的自己＝実存を、それがいかに醜悪であろうと簡単に振り捨てることはできない。万一救われるとしても、その吐き気がするほどイヤな自己をまるごと引きずって救われるしかない。

ただし、ここで肝要なことは、F君がよく表現してくれたが、彼はそこで投げやりになっているわけでも、ひそかに快を覚えているわけでもなく、キルケゴールがここで「苦悩をもったままの彼自身であろうと欲する」と言っているように、あくまでも「苦悩」を選んでいるということなのだ。

「欲する」とは、自覚的にはそれからいかに逃れたいと願っていても、実存の深いところで刻々とそれを選んでいるということ、それから逃れられないことを認めながら生きていることだ。このことを頭に入れて読めば、たぶん次のところは解説するまでもなくわかるだろう。Rさん、読んでくれないか？

弱さに絶望している者が、永遠が彼にとって慰藉であることなどに耳を傾けようと欲しないように、強情〈反抗〉における絶望者もまた永遠の慰藉などには耳を傾けようとは欲しないのであるが、その理由は異なっている、——後者は実に全存在に対する抗議たらんと欲しているのであるから、慰藉などはかえって自己の没落となると考えるのである。

まず、補足をすると、「弱さの絶望」とは、さっき言ったように反抗（すなわち「強さの絶望」）より一段前の絶望段階であって、この世のものに執着する段階は超えたが、神による救済（ここでは「永遠の慰藉」と呼ばれている）に何の期待もしていない段階、だから普通の「ニヒリズム」と言っていいだろう（ニーチェが「受動的ニヒリズム＝デカダンス」と規定している段階だ）。「永遠の慰藉」を求めないのは絶望の最高段階である「反抗」も同様だが、「慰藉などはかえって自己の没落となると考える」。さて、これはどういうことだろう？　Rさん、わかるかな？

R 「反抗」の段階にいる人は、それこそ絶望の最高段階、すなわち信仰への最高段階であることを知っているから、そこを離れ他のところに移行することは、たとえそれが「永遠の慰藉」であっても、彼の基準からは「没落」になるのです。

ううん。なかなかいいところまで行ったが、まだキルケゴールの言いたいことの核心を突いてはいないかなあ。まだ充分イロニーが効いていないと言いかえてもいいが……。誰か、もう少しキルケゴール的イロニーのピリッとした味を効かせて解釈してくれないか?

S できるかどうかわかりませんが。Rさんの言ったように、「反抗」の段階にいる人は、絶望の最高段階にいることは知っていると思いますが、信仰の最高段階にいることを知っているのではないと思います。神に反抗することこそ神を信仰することだという自覚状態にあるなら、結局は「反抗」にはなりませんから。そうではなく、彼は絶望の最高段階すなわち罪の最高段階にあるからこそ信仰の最低段階にあることを自覚しているのです。彼は主観的にはこの最低段階に留まりたいのですが、それが不可能なことも知っている。だから、神は彼に反抗しませんが、彼が神に反抗できるのです。この構造はとても脆いので、彼は反抗にしがみついている、「永遠の慰藉」などは彼の視点からしたら「没落」なのですから。

きれいに説明してくれたが、最後の最後のところがまだキルケゴールの核心に迫っていないね。つまり「慰藉などはかえって自己の没落となると考えるのである」という口調を大真面目にとってはならないのだよ。こうした言い方には、どこかユーモラスな響きがないだろうか？　さっきのF君の例をもう一度出すと、自分を責め親を責めて悶え苦しんでいるひきこもりの青年の挙動が、それより一歩高い視点から見るとユーモラスに見えるようにだ。本人としては必死であるからこそ、ますますそういう形で「反抗」している姿が弱く幼く愚かで痛々しく、いわばけなげに見える。

　きみたち、私がさっき言ったことを忘れたのだろうか？　『死に至る病』はキルケゴールが一人二役を演じ、神に反抗しながらじたばたしている青年キルケゴールを、それより高い信仰段階に達しているアンティ＝クリマックスが憐れみながらも優しさをもって（まさにアイロニカルに）観察している、という構図なのだ。じつは、ちょっと前から文章に流れるユーモラスな感じをつかんでくれなくてはならない。

　さっきも言ったが、これが、キルケゴールとニーチェとの大きな違いだ。ニーチェは自己批判的視点がまったくと言っていいほど欠如している。彼あるいはツァラトゥストラが深刻に悩んでいたら、一〇〇パーセント深刻に悩んでいる。それを茶化す視点など考えられない。しかし、キルケゴールは深刻になればなるほど、そういう自分を茶化す視点も拡大していくのだ。それは、そういう愚かな自分をユーモラスなものとして見る別の自分の視点であり、キルケゴール独特の自己愛だね。

絶対に神の救いなどいらない、と拒否している青年が、「そんなことをしたら没落してしまう」と語ることは、まあなんと滑稽なのであろうか！　なんと未熟なのであろうか！　なんと「かわいらしい」のであろうか！

R　先生、あのう……。

Rさん、何？　深刻な顔をして。

R　先生から言われてみるとわかるのですが、私、どうしてもキルケゴールのテキストをそのように複眼的に読めないのです。これ、作家志望として失格ですね。

いや、そうではない。皮肉でも何でもなく、ほとんどの小説家は恐ろしいほど巨大な単眼の持ち主だよ。キルケゴールほどの「複眼思考」はむしろ小説家としてはマイナスかもしれない。読者がきわめて狭く限られてしまうものね。だから、これも皮肉でも何でもなく、ニーチェ程度の単純な精神のほうが、小説家として成功する確率は高いように思う。

R　ああ、安心しました、と答えるほど、私、単純じゃないんですが……（笑）。

さて、これで、第一編の最後の最大のユーモア、最大のイロニーが読み取れると思う、Rさん、続けて読んでもらおうか？

比喩的に語るならば、それはいわば或る著作家がうっかりして書き損ないをしたようなものである、この書き損ないは自分が書き損ないであることを意識するにいたるであろう、（もしかしたらこれは本当はいかなる書き損ないでもなしに、遥かに高い意味では本質的に叙述全体の一契機をなすものであるかもしれない、）さてこの書き損ないはその著作家に対して反乱を企てようと欲する、著作家に対する憎悪から既に書かれた文字の訂正されることを拒否しつつ、狂気じみた強情（反抗）をもって彼は著作家に向ってこう叫ぶのである、——「いや、おれは抹消されることを欲しない、おれはお前を反駁する証人として、お前がへぼ著作家であることの証人として、ここに立っているのだ。」

どうだろう？　もちろん、これはキルケゴールという著作家に対する「書き損ない」の抗議でもある。「書き損ない」が作者に対して「いや、おれは抹消されることを欲しない、おれはお前を反駁する証人として、お前がへぼ著作家であることの証人として、ここに立っているのだ。」と叫ぶことは、なんとも奇妙で滑稽な事態ではないだろうか？キルケゴール学者たちは、こういうところをも大真面目に解説しているが、たぶんキルケゴール自身は、ここを書きながらクックッ笑いをかみ殺していたに違いない。

第六講　サルトル『存在と無』

ジャン＝ポール・シャルル・エマール・サルトル
(Jean-Paul Charles Aymard Sartre, 1905-1980)

　フランスの哲学者、文学者、評論家。フッサールの現象学的方法とハイデガーの存在論的哲学を出発点にした探究から「実存」を唱え、独創的な哲学を構築した。彼がフランスに起こした実存主義ブームは、戦後、世界へと広がる思想潮流となった。哲学書『想像力』『自我の超越』『想像力の問題』『方法の問題』『真理と実存』や小説『嘔吐』、評論『実存主義とは何か』をはじめ、幅広い著作がある。

『存在と無』(*L'être et le néant*, 1943)

　人間の意識のあり方（実存）を徹底して探究した本書は、ドイツ軍占領下に刊行されるやフランス全土に衝撃を与え、哲学界のみならず多方面から絶賛された。「即自」「対自」の対概念を事物の存在と意識の存在と解釈し「実存」を位置づける緒論から、「対自」としての意識、他者の存在をめぐる諸問題、人間の絶対的自由を訴える自由と状況論へと思索が展開される。現代思想の源流をなす不朽の書。

〈テキスト〉

『存在と無（Ⅱ）』松浪信三郎・訳　ちくま学芸文庫
（筑摩書房、二〇〇七年）

〈参加者〉

A（家庭の主婦、五〇代）
H（哲学科の学生、女、二〇代）
K（哲学科の学生、男、二〇代）
O（出版社勤務、女、四〇代）
R（小説家志望のフリーター、女、二〇代）
S（IT企業の社長、男、三〇代）
U（カウンセラー、女、五〇代）
W（哲学科を中退したフリーター、男、三〇代）
Y（会社社長、男、七〇代）

人生の初めから、サルトルにとって他人は地獄なのであった

サルトルのこの『存在と無』は、恐ろしく難しい外見をしている。それは、サルトルが文学者でもあって、彼の唯一の関心対象である「人間」を正確にとらえたいからだ。出てくる例は、とても具体的で面白いのだが、それを分析する彼のシャープさには舌を巻くとともに、その独特の言語表現――それは現象学とヘーゲルの弁証法とを完全にマスターして活用したものだが――にはついていけないかもしれない。

サルトルは、ある種の人間にはとてもよくわかるが、別の種の人間にはとてもわかりにくいだろう。それは、彼と同じように人間すなわち他人を「憎悪と恐怖をもって」見ているかどうかにかかっている。

他人とは、サルトルにとって、私をそのまなざしで射抜く恐るべきもの、いわば地獄だ。言いかえれば、他人とは、それ自身自由な存在であることによって、この世で私が自由にできない唯一の存在だ。このことは、たいそう腹立たしい、いやほとんど耐えがたいほど酷い仕打ちだ。

こうした他人観を持っていないと、どんなに頭がよくてもサルトルは読みにくいだろうね。私は、ほぼサルトルと同じように他人を見ているから、そんなに頭がよくなくても、言葉の一つ一つがずしりとした重みを持って迫ってくる。

ここで、哲学のテキストを読むうえで役立つような気もしないが、一応、サルトルという哲学者の略歴を紹介しておこう。というのも、私は一九六五年に大学に入ったのだが、当時の学生にとって、サルトルはスター中のスター的存在だったのだから。

いまは想像もつかないだろうが、当時はヴィトゲンシュタインもメルロ＝ポンティも誰も知らなかった。そして、哲学と言えば、マルクス主義と実存主義であった。学生たちは、ルカーチの『実存主義かマルクス主義か』を懸命に読んだものだよ。その他、『資本論』は当然として、マルクス、エンゲルスの主著に加えて毛沢東の『矛盾論』や『実践論』、レーニンの『唯物論と経験批判論』などの哲学的にはきわめて低レベルのものさえ、必死に読んだものだ。

サルトルは、そういうマルクス主義哲学花盛りのころ、それに対抗できるマルクス主義以外の唯一の哲学者だったと言ってもいい。当時はその思想のみならず、ボーヴォワールとの「自由恋愛」やノーベル文学賞辞退など、反権威的な「自由人」としての生き方が猛烈にカッコよかった。だが、いまになって考えると、『嘔吐』や『自由への道』などの小説や『シチュアシオン』などの評論は読んでも、本腰を入れて『存在と無』を読む人は少なかったのではないかと思う。

彼は人気があった。だが、アカデミズムでは徹底して彼は在野として位置づけられ、当時の東大哲学科でも授業で取り上げられることもほとんどなく、卒論や修論のテーマになることもなかった。

さて、一九〇五年に生まれ一九八〇年に死んだ「ジャン＝ポール・サルトル」という名の男だが、どこをどう切り取っても正真正銘の天才であると思う。父親は彼が一歳のときに死去、それ以来母親の両親に育てられる。一人っ子であったが、母親はその一人息子を両親のもとに残して再婚する。これがサルトル少年一一歳のときであり、彼はその「本に埋もれたパリのアパルトマンの七階を城にして」、大人たちからまなざしを向けられつつ過ごした（母親に捨てられた少年を配慮してのまなざしが、彼に日々向けられたことであろう）。そして、やがて完全に「神を捨てた」という（彼の遺体はキリスト教徒の嫌う火葬にふされた）。

高校時代さらに高等師範時代は粗暴な態度で教師を仲間を軽蔑し、その結果アグレガシオン（教授資格試験）に落第したが、翌年は全国一番であった（二番がボーヴォワール）。その彼が『嘔吐』を刊行して全ヨーロッパを震撼させたのは三二歳のときである。『存在と無』はナチスがパリを占領していた当時、カフェで書き継いだものだと言われている。

私は学生時代、サルトルのように哲学ができたらと思った。理論と人生ががっちりかみ合っていて、いかなる権威にも靡《なび》かない完全な自由人で、孤独で……。残念ながら、もうじき人生を終えるこの歳になって、及びもつかないことは身に染みてわかるが、いまでも一つの理想であることは事実だ。

私は何を言いたかったのか？　彼は父親を知らず、母親から捨てられた。人生の初めから、彼にとって他人は地獄なのであった。だが、と言った瞬間に断っておくが、以上のようなサルトルの「人生」はあくまでもゴシップ程度に留めてほしい。サルトル自身が言っているように、彼の作品、それが「サルトル」のすべてなのだから。

誰かが私に「まなざし」を向けている

さて、見渡してみると参加者は比較的女性が多いが、フランス系の哲学者の特徴として、なるべく具体的直観的に議論を進めていくからかな？ あるいは、サルトルのテーマが文学と哲学との境がほとんどない「人間」という領域だからかな？ だが、このさい断っておくと、彼は正統的な哲学者であってきわめて分析的・論理的であるから、そうした素養のない大部分の文学者や小説家は、サルトルを理解できないのではないかと思う。

この前から読んでいるのは第三部「対他存在」の第一章「他者の存在」のⅣ「まなざし」の所で、『存在と無』で最も有名な箇所かもしれない。はじめての参加者のために、ちょっと解説すると、ある男がある建物の鍵孔から部屋の中を覗いている。それ以上サルトルは書いてないので、勝手に想像していいのだが、その建物はホテルで、その部屋ではその男の妻が他の男と情事に耽っていると考えるのが一番わかりやすい。何しろ、覗いている男は自分が卑劣な行為に及んでいることを自覚している。というわけで、今日の箇所に続く。誰かに読んでもらいたいのだが、じゃ、Aさんお願いする。

> ところが、突然、廊下で足音のするのが聞こえた。誰かが私にまなざしを向けている（誰かが私を見ている）。このことは、何を意味するであろうか？　それはこうである。私は、突然、私の存在において襲われる。本質的な変様が私の構造のうちにあらわれる。——この変様を私がとらえて、概念的に定着させることができるのは、反省的なコギトによってである。

硬い哲学的表現はさておいて、ここでなんとなくこの男の狼狽する状況が記述されていることはわかるだろう？　そうだ、状況の変化はただ「突然、廊下で足音のするのが聞こえた」ことだけだ。この変化だけで、人間存在としての彼の「あり方」（それをサルトルは「対自 pour soi」と呼ぶのだが）が根本的に変化してしまう。これをサルトルはしつこく記述し続ける。「私は存在において襲われる」とは、私はそのときさしあたり、「誰かが私を見ている」という文章で表すことができる状況にはない。すなわち、状況をそのように正確に認識してはいない。それをサルトルは「存在において」と言う。これも慣れてくればさほど難しくもないが、サルトルは、一方で、科学的把握が典型的だが、対象を正確に言語的にとらえることを「認識」と呼び、他方、われわれはそうではない対象とのかかわり方がある、と考える。

こうした例はいくらでも挙げられるが、典型的には羞恥心だ。例えば、私が電車の中で（間違いであるにせよ）「チカン！」と叫ばれて駅員に突き出されたとき、私はとっさに羞恥心を覚える。私はそれが濡れ衣であるにせよ、頰が赤くなったり、声を詰まらせたりして、身体が「恥ずかしい」という反応をしてしまう。これは認識ではない。とはいえ、意識と無関係な生理的現象ではない。私は正確に状況を察知しているのだ。まず羞恥という「本質的な変様が私の構造のうちにあらわれ」、次に私は「いま俺は痴漢の容疑を懸けられているんだな」というふうに「概念的に定着させることができる」。こういう概念的把握をサルトルはまた「反省的なコギト」の作用とみなす。

コギトはデカルトの有名な「cogito, ergo sum」におけるコギト、すなわち「われ思う」である。サルトルはこれを一人称の意識作用一般というほどの意味で使用している。「反省的な」コギトの作用があるからには「非反省的な」コギトの作用もある。「いま俺は痴漢の容疑を懸けられているんだな」というのが反省的コギトなのだから、その前の羞恥心に塗り込められている状態が「非反省的な」コギトの作用である。その場合でも、私は、非反省的に何が起こったか察知しているのだ。

サルトル自身が挙げている次の例は、とてもわかりやすい。私が夢中でバスを追いかけているとき、「私」は非反省的に登場してくるが、反省的に登場してはこない。あとで、バスに乗り込んで「俺はバスを追いかけていた」と概念的に定着したとき、はじめて「私」は反省的に登場してくる。この場合、サルトルは「反省的・非反省的」という対ではなく、むしろ「措定的・非措定的」あるいは「定立的・非定立的」という対でとらえているのだが、違いはないと言っていいだろう。

以上の分析でもわかるように、サルトルはいたるところで二項の対立的概念を用いて人間存在を分析しているが、その概念はそれほど精緻に規定されているわけではない。そして、サルトルがここで一貫して注目しているのは、非反省的な「私」のあり方なのだ。それさえ頭に叩き込んでおけば、サルトルの絢爛豪華な言葉の洪水に呑みこまれることもないだろう。

ここまでで、何か質問あるかな？

A　あのう、あまりにも初歩的な質問で申し訳ないのですが、「羞恥」といったって、さまざまですし、それに人によって羞恥を感じる場合も感じない場合もあるし、感じ方もさまざまだと思うのですが、羞恥をそんなにひとまとめに「こうだ」と論じていいのでしょうか？

ああ、なるほど初歩的な質問だ。Aさんには悪いが、哲学の素人がこだわる典型的な質問だよね。だからこそ、すごく基本的な質問であり、そのうちには何時間あっても答え尽くせないほどの問題が含まれている。そうだなあ、ここでは必要最低限度のことを答えよう。サルトルはフッサールに始まる現象学という大きな哲学の流れの中にいると言っていい。それはことさら事象の「本質」を問う学問なんだ。数の本質、幾何学図形の本質くらいはまあいいとして、色の本質、赤の本質、青の本質、さらには家の本質、犬の本質さえ「ある」と信じている。これは、西洋哲学の長い伝統に則ったもので、イデア界にすべての事象の本質が「ある」とするプラトニズムがその典型例だが、広く西洋哲学思想を支配してきた信念だ。そして、これが普通の日本人にはなかなかわからないだろうねえ。ロックの講義で強調したが、この信念にこそ哲学の存立が懸かっている。この信念を放棄するとき、哲学は消滅すると私は思っている。その場合は、真理はさまざまであり、さまざまな限定のもとにあるにすぎない。そして、さまざまな思想と経験科学が残るだけであろう。

だから、粗っぽく言ってしまうと、ただ「一つの」真理があるし、それを言語によって正確に記述できる、という信念のもとにいる人が哲学者なのだよ。そして、私もそう信じているから哲学者の端くれに（勝手に）座を占めているわけだ。

Aさんの質問に沿って言うと、心理学者あるいは文化人類学者あるいは社会学者などは羞恥の多様性に興味を抱くが、哲学者は「羞恥」という一つの現象、その一つの正確な記述があると信じている。あるいは、言語学者はさまざまな言語に応じて日本語の「ある」や「善い」や「美しい」に当たる、あるいはそれに呼応しないさまざまな言語があり、よって「ある」や「善い」や「美しい」の意味するものはほとんど無限に拡散すると考えているが、哲学者はそれらも一つの「ある」や「善い」や「美しい」という事象に収斂すると信じている。

　確かに、こうした広義のプラトニズムに反抗して、ニーチェは「力への意志」あるいは遠近法主義を提示して、唯一のイデアに収斂する古典的真理概念を破壊しようとした。だが、それでも今度は「力への意志」という「一つのもの」が真理となってしまう。話をサルトルに戻せば、彼は現象学の洗礼を受けた者として本質志向のきわめて強い哲学者である。しかも、それに加えてキルケゴールの「主観性が真理である」という思想も受け継いでいる。よって、サルトルにとっては『存在と無』において遂行されている人間存在の分析と記述が唯一の真理なのだ。

　まあ、納得しないかもしれないけれど、ここに潜む「問題」だけはつかめたと思う。さて、特別の異論がなければ、次に進むことにするが、いいかな？　じゃ、Aさんもう少し読んでください。

　まず、この場合、私は、私 moi としてのかぎりにおいて、非反省的な私の意識にとって存在する。しばしば人が記述してきたのは、まさに私のこの侵入である。「私が私を見るのは、人が私を見るからである」というような言いかたがなされてきた。こういう形では、そのことは、まだ十分正確には言いあらわされていない。

ここでも、読解する前に、いろいろ予備知識は必要だ。翻訳者の松浪さんは「私 moi」と表記しているが、これはフランス語原文では「moi」だけであり、「moi」という側面の「私」という意味だ。

ちなみに、サルトルは『存在と無』に先立って、『自我の超越』という論文において独自の自我論を展開しているが、そこでは、「私」の行為的・能動的側面を「je」、対象的・受動的側面を「moi」、そしてその統合としての「意味統一体としての私」を「ego」と呼んで区別している。

その後『存在と無』に至って自我論は後退したが、こうしたところにまだ維持されている。初めの文章は、例えば羞恥においては、対象としての私が非反省的であることが言われている。私は痴漢容疑で捕まった私を羞恥という形で非反省的にとらえているのだ。そして、先回りして言ってしまうと、サルトルは、こうした非反省的な意識にとって存在する「私 moi」を反省的な意識にとっての対象＝私に移行させるのは、他者の「まなざし」だというのである。一般に「私が私を見るのは、人が私を見るからである」と言われるとき、漠然とこうしたことを語っているが、この事態を厳密に現象学的に表現しなければならない。とこう宣言して、いよいよ次からがサルトルの恐ろしいほど鋭い分析が始まる。

サルトルの思考法の「癖」を研究して

じゃ、読み手をHさんに交換するか。

> だが、われわれはもっとよく検討してみよう。われわれが対自をその孤独において考察したかぎりにおいて、われわれは、「非反省的な意識のうちに一つの『私』*moi* が住むことはありえない。『私』*le moi* は、対象としては、反省的な意識にとってしか、与えられない」と、主張することができた。けれども、いまの場合には、「私」*le moi* がやってきて非反省的な意識につきまとう。ところで、非反省的な意識は、世界についての意識である。それゆえ、「私」は、非反省的な意識にとっては、世界の諸対象の次元にしか存在しない。

少しは読み解けるだろうか？　じゃあ、もっと限定して「対自をその孤独について考察」するってどういうことだろう？　さしあたり、Oさん、どう？

O　それは、「対自すなわち人間存在を他者の観点を入れないで考察する」という意味だとは思うのですが、あとは、いまこれだけ丁寧に説明を聞いたのに、イヤになるほどわかりません。

そこがわかれば、読み解けないことはないと思うのだが。Rさん、その次のところ、どう?

R 「moi」という対象=私は、非反省的な意識には登場してこなくて、反省的な意識の段階ではじめて登場してくる、と言っているんだと思います。「けれども」からあとはわかりません。

あと少しなのに、残念だなあ。「けれども」の前後を注意してごらん。その前は「主張することができた」と過去形になっていて、そのあとは「いまの場合には」となっている。つまり、他者を捨象して考察した場合は、対象=私は反省的な意識にしか登場してこなかった。だが、他者という観点を入れると、それは「非反省的な意識につきまとう」というわけだよ。ふたたび羞恥の場合に沿って考えると、私が痴漢容疑でつかまったとき、頬は火照って視線はうろうろしているが、そこに登場しているのは非反省的な意識だ。他者がそこにいなければ、これを非反省的な意識のままに留めてかつ対象=私が登場することはありえない。だが、他者の現前はこれを可能にするのだ。

およそこういう風に議論は進んでいく。だが、サルトルはここで少し脱線する(から読みにくい）。非反省的な意識とは、私は意識を有するが、私が対象としてまだ登場していない段階であり、私の意識が向かうのは、バスを追いかけているときの「去りゆくバス」であるように、そこには、対象＝私についての意識はなくて、「世界についての意識」しかない。よって、対象＝私でさえ、「世界の諸対象の次元にしか存在しない」ことになる。

いいかな、この辺りがサルトルの最も得意な領域であり、その恐ろしいほど鋭い人間観察眼は他の哲学者の追随を許さないところだ。こういう箇所の読み方のスキルを伝えるのは難しい。それには、サルトルと同じように、日ごろ周囲の人間を神経症のように執拗に観察していることが必要なのかもしれない。だが、いまの文脈に限ってみると理詰めで展望は開けてくるのではないだろうか？

これまでの議論の筋道をたどると——他者という視点を導入しなければ、対象＝私は反省的意識にのみ登場してくるのに——他者という視点を導入すると、「非反省的な意識にとって対象＝私が登場する」という特異な事態が成立することをサルトルは見据えているようだ。いまはその導入部で、その場合、対象＝私はそれ自体として登場してくるのではなくて、あくまでも世界に向かう意識の対象としてのみ登場してくる。それが、「私」は、「非反省的な意識にとっては、世界の諸対象の次元にしか存在しない」という最後の文章の意味なのだ。

どうだろう、言われてみればわかるかな？　とにかく、サルトルに付き合うには、彼の思考法の「癖」を研究して、脂が乗ると、彼はどこまでも微細な差異に入っていくから、そこでしっかり気を引き締めて追いすがっていかねばならない。

というのも、次のところなどサルトルの言いたいことをあらかじめ見越して読み解いていかないと、とうていわからない代物だろう。Hさん、もう少し読んでください。

しかるに、「私」の現前化という、反省的な意識にのみ帰せられていたこの役割が、いまここでは、非反省的な意識に属する。ただし、反省的な意識は、「私」を、直接、対象とする。非反省的な意識は、人格を、直接、自分の対象として、とらえるのではない。つまり、人格は、それが他者にとっての対象であるかぎりにおいて、意識に現前的である。いいかえれば、私が私から脱れ出るかぎりにおいて、私は、一挙に、「私」を意識する。しかもそれは、私が私自身の無の根拠であるかぎりにおいてではなく、私が私の外に私の根拠をもつかぎりにおいてである。私は、まったく他者への指し向けとしてしか、私にとって存在しない。

どうかな？　誰か少しでも解釈できるだろうか？　どうもいないようだね。こうした文章を解読することができるためには何が必要なのか、サルトルを読み始めてから私はずっと考えているが、なかなかそれを伝えるのは難しい。サルトルはこの書をものすごいスピードで書いたと言われている。もちろんペンとインクで書いたのだが、次々に湧き上がる想念を言語化するためにペンをインク壺に運ぶのがもどかしいほどだったそうだ。

こうした逸話を加味してサルトルのテキストをじっくり眺めてみると、次のような構造が見えてくる、すなわち、彼は自分がつかんだ「あること」を語りたい。そこで語り出すが、Aという仕方で語ると、すぐにそれでは充分ではなく「そうではない」語り方Bができることを自覚する。そこで、Bという仕方で語り出すと、さらに「そうではない」Cという語り方が湧き起こる……、こうしてどこまでも続いていくのだ。

だから、サルトルを読む場合に必要なことは、一方で、その語りたい「あること」を絶対に手放さず、他方で、これまで（とくに直前で）語った内容を正確に理解したうえで、ほぼ同じことを少し違った角度から言いかえているという自覚のもとに「いま眼の前にある文章」と取り組むこと、私が実際に作業していることを言語化すると、このくらいしか言えない。

いま読んでもらった文章に沿って説明し直すと、直前で問題になっていたのは他者の視点を入れると、非反省的意識にも対象＝私が「つきまとう」ということであり、非反省的意識の基本的あり方から言って、それは、対象＝私にではなくて世界に向かう意識なのであるから、そこに「つきまとう」私は対象＝私なのではあるが、厳密な意味での対象ではないということだった。

いいだろうか？　ここまで正確に読めていれば、じゃ次に何を書こうかというサルトルの「心のうち」が見えてくるのではないかな？　具体的に見ていこう。出だしはこうだ。「しかるに、『私』の現前化という、反省的な意識にのみ帰せられていたこの役割が、いまここでは、非反省的な意識に属する。ただし、反省的な意識は、『私』を、直接、対象とする。非反省的な意識は、人格を、直接、自分の対象として、とらえるのではない」。難解な字面ではあるが、数度読んでみると、サルトルはここで反省的意識と非反省的意識との相違を確認しているにすぎないことがわかる。

だが、彼の（いけない？）癖なのだが、そうしながら、何の断りもなく新たな概念を導き入れる。ここで言うと「現前化」であり「人格」である。初心者はここで躓いてしまう。これらは、何の前触れもなくさっと入ってくるのだからね。そこで冷静に先に言ったことを思い起こせば、サルトルはほぼ同じことを、今度は「現前化」と「人格」という新たな概念をもって言い直したいのだ、ということがわかるだろう。

そこまで嗅ぎつけて鼻（？）を近づけると、「『私』の現前化という、反省的な意識にのみ帰せられていたこの役割が、いまここでは、非反省的な意識に属する」とは、「『私』の現前化」を私の非反省的な意識にまで拡大して論じていることがわかる。

ここで忘れないうちにサルトルのもう一つの（悪い？）癖を指摘しておこう。それは、同じ概念を使いながら、「基本的」と「派生的」という意味を込めて語ってしまうこと、いまのところで言えば「反省的な意識は、『私』を、直接、対象とする」とは、私が世界における物体（en soi）や私自身（pour soi）をとらえる場合の基本的な反省的意識なのだが、それを省いているからわかりにくい。

すなわち、サルトルはこう周囲を固めていって、派生的に、（他者の視点を導入すると）非反省的意識において対象＝私が登場する、その特異なあり方を語り尽くすことに執念を燃やすのだ。だから、「『私』の現前化という、反省的な意識にのみ帰せられていたこの役割が、いまここでは、非反省的な意識に属する」という文章を書きながら、サルトルはすでに他者の視点を通じて非反省的意識において対象＝私が登場するときは、「『私』を、直接、対象とする」のではないこと、しかも特異な「『私』の現前化」であることを視野に入れている。

実際、ここまで探りを入れると、「非反省的な意識は、人格を、直接、自分の対象としてとらえるのではない」という直後の文章はすらすらわかるのではないだろうか？　ここで「人格」が突如出てくるわけだが、これは対象＝私を言いかえたものにすぎない。そして、ここまで周到に準備して、一挙にサルトルは結論を語り出してしまう。「人格は、それが他者にとっての対象であるかぎりにおいて、意識に現前的である」とは、適当に言葉を補うと、「対象＝私は、それが他者にとっての対象であるかぎりにおいて、私の非反省的な意識に現前的である」わけである。

こうしてさしあたりの結論に達すると、サルトルはそれを彼特有の修辞法で言いかえたくなるのだ。それがまた難解に見えるのだが、以上の骨格をしっかりつかんでいれば、眼をくらまされることはない。あらためて抜き出してみよう。「いいかえれば、私が私から脱れ出るかぎりにおいて、私は、一挙に、『私』を意識する。しかもそれは、私が私自身の無の根拠であるかぎりにおいてではなく、私が私の外に私の根拠をもつかぎりにおいてである。私は、まったく他者への指し向けとしてしか、私にとって存在しない」。

初めの文章における「私が私から脱れ出るかぎりにおいて」とは「私が他者にとっての対象であるかぎりにおいて」を言いかえたものだ。「私が私から脱れる」と語ることで、サルトルは「私は自己同一な実体としてあり続ける」というデカルト的イメージを崩したいのだし、ヘーゲルの「私は私でないことによって私である」という言い方にもつなげたい。

さて、ここまで読み解いたら、あとは簡単だ。次の「私が私自身の無の根拠である」とは、対自の基本的あり方を繰り返しているだけ、すなわち人間存在は意識存在として否定(判断)を介して「無」を世界に呼び込む存在なのだが、それができるのは、それ自身の中に「私は私ではない」という根源的な否定構造を有しているからである。

ここでサルトルが言いたいのは、こうした他者の視点を捨象した対自の構造分析は基本的だが、一つの抽象、方法的独我論であって、じつは対自ははじめから「私は他者へと向かって私から逃れる」というあり方をしているということなのだ。対象＝私が私の非反省的意識に登場するのは、「私が私の外〈すなわち他者〉に私の根拠をもつかぎりにおいてである」。明快だね。これをさらに言いかえると「私は、まったく他者への指し向けとしてしか、私にとって存在しない」。すごく明快じゃないか。

私を対象化する他者が直接私に与えられている現場

さて、失礼ながら、いまの段階できみたちに質問してもしかるべき答えは出ないだろうと思って一気にしゃべってしまったが、何か感想でもいいからないかなあ？

K　どうも、ぼくはサルトルはからっきしダメなようです。テキストの文字をいくら読んでも暗号のようで、まったく頭に入ってきません。先生の説明を聞くとよくわかりますが。カントの授業のとき、（先生の解説なしに）自分で読めるようになるには、一〇年かかると言われましたが、どうも一〇年経ってもわかる感じがしません。先生、どうしてぼくサルトルが読めなくて、先生は読めるんでしょうか？

だから、初めに言っただろう？　私は物体や他者に対してサルトルと似た感受性を持っていて、彼の文章に出会うと、「そうなんだ、そう言いたかったんだ」とほくそ笑んでしまい、「よくぞ言ってくれた！」と喝采したくなるんだ。二〇歳のころ彼の『嘔吐』を読んだときも、そう心の中で叫んだね。K君はたぶんそうではなく、サルトルの言葉が単なる記号としか見えてこない。それでも理詰めである程度は解読できるけど、それはなかなか苦しい道であり、その割には報われない、やりがいのない仕事だよね。だから、しばらくサルトルと理詰めで格闘して、もうダメだと思ったら投げ出せばいい。これは、ヘーゲルやキルケゴールにも言えるけれどね。

Rさんには、ニーチェは合ってキルケゴールは合わなかったようだが、サルトルはどう？

R　だめですね。ときどきポッとすごくわかるところが出てきますが、先生のように厳密に論理をたどって読むことはできません。ニーチェなら、一つ一つの文章を文脈から切り離しても、「彼が言いたそうなこと」と突き合わせればだいたい読めるのですが……。

そうなんだ。サルトルにはフッサールのような数学的厳密さもあり、ヘーゲルやキルケゴールのように、意図的に日常言葉を破壊してまでも言いたいことを言い尽くすという韜晦《とうかい》趣味も併せ持っている。だから、難しいのだね。そして、私の見るところでは、ニーチェは大天才だが、数学的厳密さも韜晦趣味も持ち合わせていなくて、その比較的単純な思想に、奇抜な表現や、恐ろしくラディカルな反語や、言葉遊び（Wortspiel）を駆使して、幾重にも意味の衣を着せているだけだ。

だから、その難解さは「善悪を逆転する」という発想の転換に収斂される。だから、それさえつかんでしまえば、ニーチェの授業でも言ったように、高山樗牛《ちょぎゅう》や三島由紀夫や芥川龍之介や、あるいはトーマス・マンやヘッセやジッドなど、厳密な論理的思考能力のない文学者たちにも、雰囲気的にわかるのだね。

R　キルケゴールの授業で、先生が「(私はともかく)文学者は、ニーチェと同様、単純で他罰的だ」と言われたときは、正直むっとしたのですが、いまやっとその意味がわかった気がします。

いや、何度も言うように、これは私の個人的好みも相当入っているけれどね。じゃ、次に進もう。K君、読んでみて。

しかしながら、この場合、「対象は、他者であって、私の意識に現前的な自我egoは、対象－他者の一つの副次的な構造もしくは一つの意味である」などと解してはならない。他者は、この場合、対象ではないし、対象ではありえないであろう。われわれがさきに示したように、他者が対象になるならば、それと同時に、「私」le moiは、「他者にとっての対象」であることをやめて、消失してしまう。

どうかな？　なんとなくわかる箇所が顔を出してきたんじゃないかな？

K　不思議ですね。魔法が起こったみたいに、なんだかみんなすいっとわかるような気がします。ちょっと試してみます。はじめの文章はちょっとわからないから、取っておくと、その次からはよくわかります。さっきまでは、他者の「まなざし」を介して私の非反省的意識に対象＝私が登場してくるメカニズムを語っていたんですよね。ということは、他者はこの場合、対象じゃなくて主体ですよね。でも、これは前にもあった議論だけれど、私がその他者を何かの拍子にキッと見返すことができるなら、今度は他者こそが私の対象、しかもちゃんとした反省的意識の対象であって、同時に、「他者にとっての対象＝私」という非反省的な微妙な私のあり方も消えてしまうんです。

そうだ。K君は論理的な頭を持っているから、わかれば正確にわかるんだね。いや、大したものだ。それで、初めの「『対象は、他者であって、私の意識に現前的な自我 ego は、対象‐他者の一つの副次的な構造もしくは一つの意味である』などと解してはならない」はやはりわからないかい？

K　何度読んでもさっぱりわからないですね。

誰か、どうだろう？

W　どうも、サルトルは、他者が「まなざし」を私に向けている場合でも、そういう他者を対象とみなしてしまう立場を批判してるんだと思います。

そうそう、W君、なかなかいいねえ。それで？

W　あとはわかりません。

ここはちょっと難しいかもしれない。サルトルは古典的な議論、あるいは彼の同時代人でも、例えばフッサールなどの他者論（結果的にはヴィトゲンシュタインだっていいが）を批判しているのだから、それを知らないと「ああ、そうか」とはわからない。サルトルの他者論は、推論によって間接的にではなく直接的に、しかも主体としての他者をとらえることができるか、という問題設定のもとにある。だが、彼以前の他者論とは、まず他者を対象として固定しておいて、その独特の対象をいかに私の意識がとらえられるか、という構図から抜け出ることはなかった。サルトルによれば、この構図に留まっている限り、いかなる解答を持ってこようと、他者論は独我論の枠内に収まって挫折するのだ。

他者が他者たるゆえんは、それが私の意識の到達できない「彼方」にあるというのでは、充分ではない。まさに他者が「主体として私を対象化する」ところを見なければならない。しかも、それを推量によって確認するのでは、ふたたび、他者はそう確認する私の対象になってしまうだろう。だから、私を対象化する他者が直接私に与えられている現場を押さえなければならない。それが「まなざし」なのだ。私が他者の「まなざし」のもとに羞恥を覚えること、それは端的に自分をその「まなざし」の対象として承認すること、しかも非反省的に承認してしまっていることである。

初めからこの授業を取っている人は、このことはもうしっかり頭に入っているだろう？とすると、「対象は、他者であって、私の意識に現前的な自我 ego は、対象‐他者の一つの副次的な構造もしくは一つの意味である」とは、まさにサルトルが批判している他者論のはずなのだから、読めるのではないかなあ。K君でもW君でも、他の人もいいが、どうだろう？

K　厳密にはわからないのですが、そういう見解の人は、その場合の私の非反省的意識、ですから例えば羞恥を覚えているという意識を「対象‐他者の一つの副次的な構造もしくは一つの意味である」とみなしているんです。「副次的な」とは、副産物という意味で、こういう私の非反省的意識も、対象＝他者が「まなざし」を私に向けるときに、それが産み出す副産物のようなもの、としてとらえてしまう。

ああ、わかりました！　そういう人は独我論的構図を抜けていないんですから、みんな究極的には私の意識が認めることだとみなしてしまう。私自身の非反省的意識も、私が他者を対象化したことの副産物にすぎないとみなしてしまうんです。言いかえれば、それはやはり究極的には私がそういう「一つの意味」を与えたことなんです。

いやあ、ほんとうに魔法が起こったみたいに見事に解読できたね。K君、自分でも、どうしてたった一五分後にこんな大変化が生じたのか、わからないだろう？

K　はい。

私の説明なしに、そこまで到達できれば、きみはもうこの塾に来る必要はないのだが、自分でも私の説明によって何が変化したのか、また、なぜその変化を自分で引き起こせないのか、じっくり考えてごらん。私も考えるから。さて、他の人、とくにW君、いいだろうか？

W　よくわかりました。Kさんはすごいですね。そして、近いところまで行っていて、なんでぼくにはわからないのだろう？

それを考えることも、これからの課題だね。W君にはきついかもしれないが、ひとことで言うと、K君は哲学的思考の基礎ができているからだ。「哲学」っていうと何でも勝手に考えていいように勘違いしている人も多いが、どうして哲学は数学のように基礎が大事なのだ。W君はとてもいい着眼点をもっていて、時にとてもシャープな意見を述べることはあるが、思考の基礎固めがまだ充分ではない。それは自分でもわかっているだろう？

W　はい。悔しいけど事実です。外国語も投げ出したし、哲学の古典もほとんど読んでいないし、論理学も数学も自然科学もサボってきました。ただ自分の直観だけを頼りに面白そうな哲学的問題を見つけて突き進んできましたが、やはり限界を感じます。

W君は素直だね。きっとこれから伸びていくよ。この世界では、思考の基礎固めがきっちりできている人は珍しくない。いま哲学者として活躍している人や有名大学の哲学科の大学院に属している人はみなそうだよ。だが彼らのうち少なからぬ人は柔軟な思考ができない。それは、知識にがんじがらめに縛られ、その枠を越えて自由な思考ができないからなんだね。逆に、K君は将来そのことに注意しなければならない。

「対他存在」は対自の根源的あり方なのだ

じゃ、次をUさん読んでください。

> それゆえ、私は、他者を対象としてめざすのでもなく、私の自我を私自身にとっての対象としてめざすのでもない。私は、現在、私の手のとどかないところにある一つの対象へ向かってと同様、かかる自我へ向かって、一つの空虚な志向を向けることもできない。事実、かかる自我は、私の満たすことのできない一つの無によって、私から切り離されている。というのも、私は、かかる自我を、それが私にとって存在するのでなくして、原理的に他人にとって存在するかぎりにおいて、とらえるからである。

さっき、K君がサルトル城の門をこじ開けてくれたから、だいたいわかるのではないかな。Uさんカウンセラーなんでしょ？　他人の言葉を理解することはできるはずだよね？

U　そう言われると困るのですが、初めのほうはわかります。サルトルは、私が羞恥を覚えるような場合、私に「まなざし」を向ける他者は「対象」ではないということをくり返し言いたいのですね。初めそれを端的に言っていて、次の「私の自我を私自身にとっての対象としてめざすのでもない」とは、私は確かに対象＝私を手に入れているけど、それは他者の「まなざし」を介してであって、私がそれを直接対象化しているわけではない、ということです。その次からわからなくなるのですが……。

ああ、そこのところはとてもよく解釈できた。次は「空虚な志向」という言葉が出てくるように、現象学の枠組みの中で語っているから、その知識のない人にはわかりにくいだろうね。それでも「かかる自我」とは何かがわかれば氷解するのだが。

U　あっ、わかりました。「かかる自我」とは対象＝私ですね。「空虚な志向」は正確にはわからないのですが、「私の手の届かないところにある一つの対象」は対象＝他者だから、対象＝私に向かってと同じように対象＝他者に向かって空虚な表象を向けるということ。でも、それが「できない」と書いてありますね。またわからなくなった。

K　サルトルが否定したいのは、非反省的な意識に対象＝私が登場する場合でも、あくまでも意識が「対象」をとらえるという構図を残したまま、対象＝私に向かって「空虚な表象を向ける」という理解の仕方です。これは、私が私自身を「私の中の手のとどかない他者」としてとらえることになる。そうではない、とサルトルは言いたいのですね？

そうだ、K君、調子が出てきたね？　波に乗ってそのまま進んでごらん。

K　あとは、対象＝私は他者を「介して」はじめて私の意識に登場するということを、別の表現で言っているだけだと思います。

簡単すぎるけれど、まあいいか。たぶん、K君はわかっているんだろう。ここでサルトルは、非反省的意識としての私は対象＝私を「他人にとって存在するかぎりにおいて」とらえるとみなし、そういう人間的意識存在＝対自を「対他存在」と規定し直している。「対他存在」とは対自の根源的あり方なのだ。わかるだろう？　こうして第一の門をこじ開けると、あとはその前に立てば自動扉のようにするすると眼前の門が開いていく。Uさん、次も読んでください。

それゆえ、私は、かかる自我がいつか私に与えられうるであろうかぎりにおいてそれをめざすのではなく、むしろ反対に、かかる自我が、原理的に私から逃げ去り、決して私に属しないであろうかぎりにおいて、それをめざすのである。しかしそれにしても、私はかかる自我である。私はかかる自我を一つの無縁な像としてしりぞけはしない。むしろ、かかる自我は、私がそれでありながら、それを認識しない一つの「私」として、私に対して現前的である。なぜなら、私がかかる自我を発見するのは、羞恥において（他の場合には、傲慢において）であるからである。他者のまなざしを私に顕示し、このまなざしの末端において私自身を顕示するのは、羞恥もしくは自負である。また、私をして、「まなざしを向けられている者」の状況を、認識させるのではなく、生きさせるのは、羞恥もしくは自負である。

これも、はじめの文章はすぐにわかると思う。Aさん、どうだろう？

A　いえ、まだわかりません。なんで他の人がそんなによくわかってしまうのか、不思議なんですが……。

じゃ、Uさんは？

U　その前に質問ですが、なんでここに「羞恥」と並んで「傲慢」や「自負」が出てくるのでしょうか？

そうだね。あまり詳しく説明しなかったように思うが、普通に考えて、われわれは他人の面前で、羞恥と反対に、非反省的に傲慢になりはしないだろうか？　障害者の前にあって、自分が五体満足であることを非反省的に自負してしまうことがありはしないだろうか？　次の瞬間には反省的意識が登場してきてそれを必死に消そうとするのだがね。そのほか、われわれは非反省的に他者を介して軽蔑の対象、羨望の対象として対象＝私を「生きてしまう」ことは数限りなくある。

S　いまの説明を聞いて、さっきの部分、やっとわかりました。対象＝私は他者の「まなざし」を介してはじめて私の非反省的意識に与えられるのだから、永遠に私に直接には与えられないわけですよね。直接与えられたら、非反省的意識は対象＝私をとらえる反省的意識に変じてしまいますから。だから、対象＝私は「原理的に私から逃げ去る」。しかも、けっして私が追いついてとらえることはできない。追いついてとらえたら反省的意識の対象になってしまいますから。

すばらしい。Sさんは、もうその前に立つだけでスーッと開く自動扉が待っているサルトル城の訪問者だね。じゃ、そのあとは、Yさん、どうですか？

Y　まだ、さっぱりわかりません。どうも私には「逃げ去る」とか「追いつく」というイメージが湧かないので……。

サルトルが別の本で挙げているが、ぼんやりした想起や想像などを思い浮かべれば、わかりやすいのではないだろうか？　私は考えてはいけない、考えてはいけないと思いつつも、つい「彼女のこと」を考えてしまっている。それに気付くや否や頭から払いのけるのだが、また油断すると考えてしまっている。としても、「彼女のこと」を考えるのは、ほかの誰でもなく、まさにこの私だから、私はやはりそれを「めざして」いる。私は、「原理的に私から逃げ去り、決して私に属しないであろうかぎりにおいて、それ（すなわち「彼女のこと」）をめざす」のだ。

このように、とくにサルトルの場合、自分で納得する事例をあれこれ考え、「そうだ」と確認しながら進むとよくわかる。

Y　いまの先生の挙げてくれた事例ではじめてわかりました。

じゃ、Yさん、あらためて「そのあと」わかりますか？

Y　ううん、やっぱりわかりません（笑）。

W　こういうことだと思います。「私はかかる自我である」とは、次の「私はかかる自我を一つの無縁な像としてしりぞけはしない」と同じことを語っていて、こういう他者を介してはじめて登場する対象＝私も、やはり私「である」、言いかえれば「私に現前する」。とはいえ、この対象＝私は、私の反省的意識が直接認識する私ではない。そのあとで、サルトルは羞恥や傲慢の場合がそうだと確認しているのです。

W君も、テイクオフが間近なようだ。だが、最後さらっと済ましちゃったけど。「他者のまなざしを私に顕示し、このまなざしの末端において私自身を顕示する」とはどういうことだろう？　私に、「『まなざしを向けられている者』の状況を、認識させるのではなく、生きさせる」とは何のことだろう？

W　何か新しいこと言っているんですか？

まったく新しいことではなくて、これまで語ってきたことをさらに的確に語っている箇所だと思うが……。誰か、こういう文章を付け加えることによって、サルトルが何を伝えたいか、説明してくれないだろうか？

K　羞恥や自負の状況においては、私に、まず他者の「まなざし」が示され、次にそのまなざしが向かう対象＝私が示されるということです。その場合、私は非反省的意識として現れる。サルトルはこれを、羞恥や自負が私を「生きさせる」と呼んでいて、認識させるのではない、と言っているのです。言いかえれば、こうした場合、私は反省的意識によって直接私＝対象を認識するのではなく、他者を介して私＝対象を「生きる」のです。

そうだね。私が反省的意識によって直接認識する対象＝私ではなく、他者を介して非反省的に現前する対象＝私は、「対象であるのに認識の対象ではない」という奇妙な性質を持っている。このことを、さらにサルトルは確認したい。そのことを「私は私を生きる」と表現したのだね。

ちょっと背景を話すと、フランス語には、ドイツ語の「erleben（体験する）」に当たる言葉がないから、哲学者はもともと自動詞である「vivre（生きる）」という言葉を他動詞で使おうとした。ミンコフスキーの有名な著書に『生きられる時間（Le temps vécu）』というものがあるが、彼は科学的に認識される時間すなわち測定される時間に対して、われわれが現に体験するかけがえのない現在を中心に過去と未来に延びている時間を「生きられる時間」という言葉で表そうとしたわけだ。他にメルロ＝ポンティなど、（広義の）現象学者はこの言葉を使うことが多い。

同じように、サルトルは、他者のまなざしを介して現前する対象＝私に私が非反省的に気づいていることを、「私が羞恥を認識する」のではなく「私が羞恥を生きる」と言いたいのだ。わかるだろう？

「自由」とは残酷に私を縛るもの

さて、初めに言ったように、ここまででだいたいサルトルの他者論の基本構図は呑み込めたと思うが、それでもサルトルはしつこく語り続ける。それは、彼が読者に期待する「理解」とは、単に一つの「他者論」として理論的に承認することではなく、全身をもって実感的に納得することでなければならないからだ。

だから、これからの文章は、構図は同じなのだから、目線を低くして、サルトルが新たな文章で新たに何を訴えたいのか、正確に読み解いていかねばならない。じゃ、初めに戻って、Aさん、読んでください。

ところで、羞恥は、この章のはじめに指摘したように、自己についての羞恥である。羞恥は、「私は、まさに、他者がまなざしを向けて判断しているこの対象である」ということの承認である。私は、私の自由が私から脱れ出て、与えられた対象になるかぎりでの、この私の自由についてしか、羞恥をもつことができない。それゆえ、もともと、私の「まなざしを向けられている自我」ego-regardé と私の非反省的な意識とのきずなは、認識のきずなではなくして、存在のきずなである。

さあ、どうだろう？ 構図は同じなのだから、いままで述べたことを繰り返すのではなく、ここでサルトルが強調したいことを見抜いてほしいんだが。ちょっと難しいだろうが。Uさん、さっきは見事に解読できたから、ここもどう？

U 何度読んでも、羞恥における私の意識状態の「構図」以外にはわかりません。

サルトルが持ち込む新しい表現に注意することだ。例えば「承認」という概念とか。あるいは、その次の「私は、私の自由が私から脱れ出て、与えられた対象になるかぎりでの、この私の自由についてしか、羞恥をもつことができない」という文章とか。もっと言えば、「承認である」で終わる前の文章といま挙げた「私は、私の自由が」で始まるあとの文章は同じことを言っているんだが。ここまで助け船を出したのだから、誰か乗ってくれないか？

S　そうですね。ここでサルトルは、羞恥というかたちで、私は私を嘲笑する他者のまなざしを「承認」してしまっている、ということを強調したいんじゃないでしょうか。「ヘンタイ！」とか「チカン！」という差別語（侮蔑語）を投げつけられて、それが不当だと確信していても、顔が赤らんだり声が震えることをもって、私はそれを承認してしまっているんです。

ああ、Sさん、なかなかいいね。じゃ、あとの文章も読み解いてもらおうか。

S　それは、まだわからないところもあるんですが、前の文章と「同じこと」というのでしたら、私の「自由」の独特の理不尽なあり方、自分にとって不利になることをも「承認」してしまう、ということに関連するはずです。ああそうか、「私の自由が私から脱れ出て与えられた対象になる」とは、私の自由が私から脱れ出て「ヘンタイ」とか「チカン」という対象になることですね。それを避けられないことが、「私の自由」の本性だということですね。いや、「与えられた対象になるかぎりでの、この私の自由についてしか、羞恥をもつことができない」と続きますから、私は「与えられた（チカンという）対象になる」という仕方で、それを承認するかぎりで私は羞恥を持つということです。

Sさんは、もうサルトルの文章は何でもわかるんじゃないかな。サルトルにとって、「自由」とは何でもできることではなくて、きわめて残酷に私を縛るものなのだ。この基本思想を知っていれば、ここも、ああ、あのことかとわかる。

Sさんの説明でもう充分なのだが、ちょっと補足すると、「私の自由」は残酷な二側面を持っている。まなざしが注がれたとき、第一に、それを私が選ばざるをえないという側面だ。いまの例で言うと、独特の状況において私が「ヘンタイ」とか「チカン」と呼ばれたら、私は羞恥をもってそれを承認せざるをえない。そして、第二に、それにもかかわらず、やはり私が自由に選んだのであり、その限り私に責任があるのだ。この第二の点こそ、これからサルトルが入っていく論点であり、人間存在の残酷さである。まさに「自由であるという刑に処せられている」あるいは「自由であるように呪われている」というわけだね。

そして、これはいかにも理不尽だから、ここのところがわからなければ、サルトルはわからないかもしれない。Sさんがサルトルの文章をうまく読み解けるのは、たぶん、彼はここで多くの人のように躓かないからだよ。サルトルのように人間を見ているからだよ。Sさん、そうだろう？

S　そう言われれば、そうかもしれません。

対象＝私は「私」の所有ではなく「他者」の所有である

さて、質問はないかな？

R　あのう、初めの鍵孔を覗いていた男の話はどうなったのですか？

ああ、冷静なRさんらしい質問だ。このすぐあとに、やっとその話が出てくる。彼自身、夢中で書いているうちに忘れてしまい、ここらで書いた原稿を見直して思い出したのかもしれないね（笑）。じゃ、今日はここで終えようと思ったが、少し時間を超過してもいいなら、もうちょっと続けようか。Rさん、次をさっと読んでみてくれないか。

私は、私がもちうるあらゆる認識のかなたにおいて、或る他人が認識しているところの「この私」である。しかも、私は、他者が私から奪って他有化した一つの世界の内において、私がそれであるところの「この私」である。なぜなら、他者のまなざしは、私の存在ばかりでなく、これと相関的に、壁、扉、鍵孔などをも、抱擁するからである。私はそれらの道具‐事物のただなかに存在しているのであるが、それらすべての道具‐事物は、原理的に私から脱れ出る一つの顔を、他人の方へ向ける。それゆえ、私は、他人の方へ向かって流出する一つの世界のただなかにおいて、他人にとって、私の自我 ego である。

出だしはこれまでと同じことの繰り返しだ。そして、今度は「他有化」という独特の言葉が出てくるが、これは所有権を考えればいいね。対象＝私は本来「私の」所有のはずなのだが、「他者の」所有になっている、ということ。次からは「世界の内に」とか「道具」というハイデガーの用語が使われているので、それを知っている人にはわかりやすいと思うが。

ここで、いま読んでもらった箇所の翻訳を一つ訂正しておくと、後の方で、訳者の松浪さんは「道具‐事物は……一つの顔を、他人の方へ向ける」とあるが、ここのフランス語は「……tournent vers l'autre une face」……となっていて、「tourner」は他動詞であるから「道具‐事物は……一つの顔を、他人の方へ向けさせる」と訳したほうが明確だと思う。この点を考慮して、誰かどうだろう？　哲学科の諸君はハイデガー用語を一通り習ったのだろう？

K　ええ、だいたいわかりました。他人が私にまなざしを向けるとき、私を単独で対象にしているのではなく、私がそこにいる具体的状況において、この場合、壁、扉、鍵孔などから成る「世界」のうちで一対象としているのです。

その次、いまの先生の訂正でようやくわかってきたのですが、他者の出現とともに、いま私の状況を形成している「道具－事物」すなわち壁、扉、鍵孔などは、突然私の顔を「原理的に私から脱れ出る一つの顔」として「他人の方へ向けさせる」のです。私にとっての世界と並んで、一人の他人にとっての世界がそこに開かれ、そこに私の顔も「一つの顔」として参与せざるをえない。他人のまなざしの登場によって、状況の全体は、私の顔さえも「他人の方へ向かって流出する一つの世界」の中における「一つの顔」にすぎないものに変形してしまうのです。

K君。とってもいいよ。どこまでも論理的な脈絡をたどって、正確に解釈してくれた。まずは、模範答案と言ってもいいね。K君が「原理的に私から脱れ出る一つの顔を、他人の方へ向けさせる」の解釈でちょっと躓いたのは、ハイデガーには各現存在（人間存在）の「世界」同士の関係という発想がないからだろう。

じつは、こうした「他人の方へ向かって流出する」というような表現は前にも出てきたが、憶えているだろうか？　ええと、「II」すなわち第二巻九五ページ五行目からだが、誰か読んでくれないか？　Aさん、お願いします。

私は、いま、公園のなかにいる。ここからさして遠くないところに芝生があり、芝生にそって幾つかのベンチがある。ひとりの男がベンチのそばを通る。私はその男を見る。私は彼を一つの対象としてと同時にひとりの人間としてとらえる。それはどういう意味か？私がこの対象について「彼はひとりの人間である」と認めるとき、私は何を言おうとしているのか？

ああ、そこまで。あと飛ばして、九七ページの後から七行目、「その対象－人間が」（対象－人間とは人間としての対象である「彼」なのだが）から、続けてください。

その対象－人間がこの関係の基本的な項であるかぎりにおいて、またこの関係がその対象－人間の方へ向かっているかぎりにおいて、この関係は私から脱れ去り、私は私を中心に置くことができない。この最初の関係の綜合的出現をとおして、芝生とその男とのあいだにくりひろげられる距離は、私が、それら二つの対象のあいだに——典型的な外的否定として——うち立てる距離に対する、一つの否定である。かかる距離は、私の宇宙の諸事物相互間に私がとらえる諸関係のまったくの崩壊として、あらわれる。しかも、この崩壊を実現するのは、私ではない。この崩壊は、私がもともと諸事物のあいだにうち立てていたもろもろの距離をとおして私がむなしくめざす一つの関係として、私にあらわれる。それは、原理的に私から脱れ去る諸事物の一つの背景、それらの諸事物に外部から授けられる一つの背景としてである。それゆえ、私の宇宙の諸対象のあいだに、この宇宙を崩壊させる一つの要素が出現すること、それが、「私の宇宙のなかへの一人の人間の出現」と私が呼ぶところのことである。

私の眼前のベンチに、男が腰掛けるや否や、世界は屈折して、公園内のさまざまな事物は、私の方へ向けてと同様に、その男の方に向けて流出する。この場合、他者の登場は、私の世界において秩序づけられている諸事物を、私が入り込めない彼の世界において新たに秩序づけてしまうということだ。

そして、この段階では、私と他人とは互角だが、彼が私にまなざしを向けた瞬間、とくに私が羞恥を感ずるような状況で、私にまなざしを向けた場合、彼は私より優位に立ってしまう。私は、彼を介して「恥ずべき男」としての対象-私を引き受けざるをえないのだから。

サルトルの原罪思想

さて、サルトルの記述はさらにえんえんと続いていき、それにつれて次第に内容が変わっていくので、ここらで終わりにしよう。ついでに、次回の予告めいたことを言うと、このあとで、サルトルはあらためて他者に対する存在すなわち「対他存在」が人間存在（対自）の根本であることを強調している。対自は対他存在でしかありえない。人間的自由は他者の自由によって「かじられる」（と他の所でサルトルは表現する）自由でしかありえないのだ。われわれが自由であるとは、他者の自由による侵害を承認する限りでしかないのだ。

意外と思うかもしれないが、サルトルの自由論はまともにキリスト教の原罪思想の上に築かれている。キルケゴールの授業で扱ったが、すべての人はアダムの罪を綿々と受け継ぎ、さらにその生涯において罪を重ねているから、生まれながらの罪人である。こうも考えられそうな気がする。全知全能の神がこう人間を創ったのだから、神に責任があるように見える、と。だが、あくまでも人間に責任があるのだ。サルトルは、こうした一見不合理な原罪思想を、キリスト教的な臭みをことごとく拭い去って、そのまま受け継いだように思われる。

サルトルの別の著作『聖ジュネ』の中に、「他人が彼を作り上げたものになろうとする決意」（第二部、白井浩司、平井啓之訳）という言葉がある。他人は彼を「泥棒」と呼ぶ。あるいは「私生児」と、あるいは「おかま」と。ジュネは、自分がそれらの者にならざるをえなかった夥しい要因を挙げることができることを知っている。だが、同時に、他人が自分に宛てがったそれらの存在に対して恥じることによって、反抗することによって、自分がそれら「である」ことを受け容れていることも知っている。

これはきわめて不合理に見えるが、冷静に世の中を見渡してみると、そうなっていないだろうか？　差別語の暴力は誰でも知っている。だが、それが暴力として通用するのは、差別語をぶつけられた人がそれを「承認」せざるをえないからではないだろうか？　はたして、私が理性的に決断して選んだもののみが、自由なのだろうか？　むしろ、それは大いなる幻想ではないのか？

私は真空において選ぶのではなく、特定の状況において選ぶのである。肉体という状況もある、気質という状況もある、知能という状況もある。ほとんど見通せないほど入り組んだ状況のただなかで、私は何事かを選ぶ。選ばざるをえない。しかも、それにもかかわらず、私は自分が選んだことについて「責任」を持たねばならないのである。これが原罪でなくて何であろう？

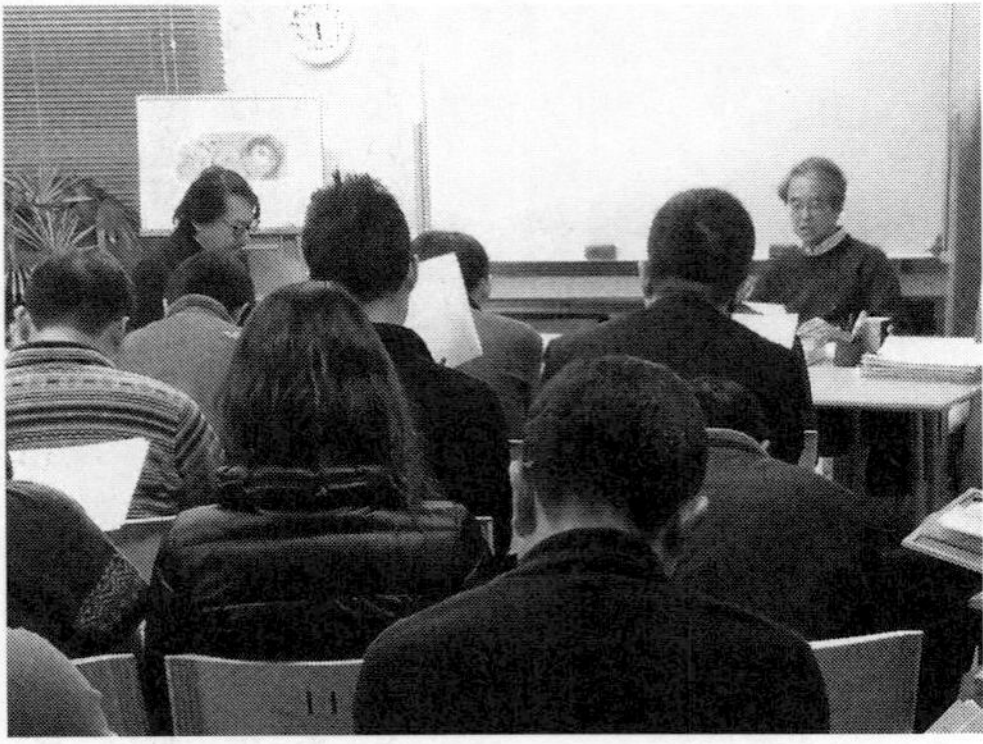

永井均さんの特別講義風景

原本あとがき

「哲学塾　カント」には、さまざまな人が参加している。名古屋から深夜バスを利用して、カント、ヘーゲル、フッサール、ベルクソン、ヴィトゲンシュタインなどの講読は言うまでもなく、記号論理学も、ドイツ語もフランス語もラテン語さえ含めて、月に三五コマも取っている会社員（会社で何をしているのだろう？）、金沢からラテン語のためだけに飛行機で来る人、大阪から時折新幹線で来る人、四国の高知からたまに来る人……そのほか、長野から、静岡から、栃木からも聴講生は集まる。

家が遠いので夜はカプセルホテルに泊まる老人もいる。この塾の授業に出るために、郷里の島根や金沢から数ヵ月東京にホテル（下宿）住まいをしている者もいる。香港に仕事場があるが、帰国のたびごとに参加する人もいる。かつてアメリカ合衆国から、ちょっと前にはアラブ首長国連邦のドバイから、数回あるいは一回だけ参加する人もいた。ずっと前には、北朝鮮から「来たい」というメールを受け取ったこともある（結局来なかったけれど）。

うつ病で悩み「薬の量が多くて休みます」と報告する者、高度の人間恐怖症の女性、大学を休学中の者、ひきこもり中の若者など……さまざまな深刻な悩みを抱えて、社会に出ることのできない者も少なからずやってくる。

もちろん、立派に（？）社会に適応している人も来る。○○会社会長、××会社総務部長、△△銀行監査役、内閣府に属する官僚、弁護士、大学講師、医者などのエリートたち。それに、かつての天井桟敷の俳優、文学賞を取った作家の卵、銀座で個展を何度も開く画家など、表現者を目指す人も来る。介護や福祉に携わっている者も少なくない。

これら多様な人々が一堂に会して、『純粋理性批判』や『精神現象学』の解読に取り組み、ラテン語やフランス語の活用に頭脳を酷使し……驚くほど熱心に授業に参加しているのだ。真理を求めることが自己目的となっている場所、他の何のためでもなくただ哲学したいから哲学するだけの場所が、この四年間でごく自然に築かれていった。これはほんとうに不思議な現象である。

「人生は無意味である」という確信が揺らいだことのない私だが、あと少し生きることが許されるなら、彼ら（あるいは同じような人々）のために、しばらくこの場を大切に保持してもいいかな、と思っている。

二〇一二年　三月一五日　　もうすぐお彼岸なのに

中島義道

文庫版へのあとがき

今年（二〇一七年）一月二〇日で「哲学塾」は九周年を迎えた。大学を辞める一年前に開塾したのだが、どうにか（拡大も縮小もせずに）細々と続いている。教室の場所は、四年前に「はしがき」に書いてある芦花公園から現在の笹塚に移った。また、特別講義にも、「はしがき」に挙げている方々に加えて、吉田夏彦先生、藤本隆志先生、加藤尚武先生はじめ、斎藤慶典さん、丹治信治さん、一ノ瀬正樹さん、高山守さん、山口一郎さん、湯浅正彦さん、小浜逸郎さん、三嶋輝夫さん、立花浩司さん、村井忠康さん、河田健太郎さん、高村夏樹さん、岩沢宏和さん、齋藤智志さん、犬竹正幸さん、武蔵義弘さん、林好雄さん、堀江聡さん、池田喬さん、長田怜さん、宮崎文典さん、斎藤嘉文さん、などに来てもらった。

そのあいだ、とりたてて「事件」はなかったが、東日本大震災のときは、参加者数が半減し、あわや消滅かとも思われたが、どうにか持ちこたえた。その後も、どんどん人は来てどんどん去っていき、常時八〇人くらいが在塾している。本書の「はしがき」や「あとがき」を再読すると、ずいぶん気負っていて多少滑稽であるが、いまでは（私が考えている）「ほんもの」の哲学の場所を維持したいだけである。そして、日本人のうちきわめて少数の人がこの場所を必要としているのだなあという実感とともに、それに応えようと（懸命にではなく）淡々と続けている。

入不二基義さんが素晴らしい「解説」を書いてくれたが、正直言って「哲学塾」の授業はみなここに書いているように「うまくいって」いるわけではない。意見がまったく出ないこともあり、反対に、どこまでも自説を主張して譲らない困った塾生もいる。しかし、（自信をもって言えるが）、たぶんここにはどの大学の哲学科よりも充実した空気が流れているであろう。初期のころと比べて多少とも変わったことは、本塾がさらに古典的な（古びた？）色彩を帯びたことであろうか。初めのころは、デカルト以降の近代哲学が中心であったが、次第にアリストテレスや新プラトン派、さらには道元までさかのぼることになった。それに伴い、ギリシャ語、ラテン語、ドイツ語、フランス語、英語などの語学を充実させた。

目下、文科省も企業も世間も（すぐに）「役に立つ」ことばかり志向していて、そのために全国の大学の哲学科は危機に瀕し「時代のニーズ」に合った改革にいそしんでいるが、私はこの潮流にまったく逆行して、ますます「時代のニーズ」に合わないことばかりしようと思うようになった。というのも、ハイデガーが言うように、本来、哲学は「時代向き」ではないはずであり（『形而上学入門』）、ほとんどの人の興味を惹かないはずのものであって、それにもかかわらず、どうしても哲学がしたいという「ならず者」（だけ）のためにシェルターを提供したいからである。

いや、別のもう一つの目的で来る人も少なくないのではないか？　それは、とにかく「本格的な勉強、それも役に立たない勉強がしたい」という動機で来る人である。その筆頭はギリシャ語であり、ラテン語であろう。ギリシャ語でプラトンが読めたからといって、ラテン語でキケロやセネカが読めたからといって、あるいはカントの『純粋理性批判』やヘーゲルの『大論理学』やニーチェの『ツァラトゥストラ』が解読できたからといって、何のトクにもならない（カネにもならず、職にも結びつかない）。ただ、ソクラテスやシーザーが語ったその言葉を理解できるだけであり、大哲学者が何を考えていたかがわかるだけである。しかし、（まさに何の役にも立たないからこそ）それを学ぶことに「純粋」とも言える喜びがあるのだ。

それを知ってか、相変わらず（北海道や九州をはじめ、姫路、仙台、新潟、名古屋などの）遠方から参加する人は後を絶たず、また、外国人（中国人）や、ヨーロッパやアメリカに滞在しているのだが一時帰国のさいに参加する人もいる。私はかなり偏屈なので、彼らが来てくれて大歓迎はしないが（それほどの金を払う価値があるかどうか疑問だから）、うれしいことは事実である。さっき札幌から羽田に着いたばかりの学生も交えて、カントの「宇宙論的理念」について説明する、日本語のたどたどしい中国人の青年も交えてフランス語でパスカルの『パンセ』より「神なき人間の惨めさ」の章を読む、いまチューリッヒから帰国したばかりの女性も加えて「時間はあるのか」について議論する……。世界のどこで何が起こっていようと構わず、こうした「永遠の問題」のみに取り組む。そして、みなそれぞれの日常に帰っていくのだ。こういう「無駄なこと」にかまけたからこそ、また明日からソントクにまみれた世界の一角で生きる勇気が湧いてくるのではなかろうか？

だが、私もいつか死ぬであろうし（その前に思考力が枯渇するであろうし）、哲学塾もいつかなくなるであろう。そのときのために、いつまでも「哲学塾」に頼るのではなく、それぞれの人が「哲学塾」がなくても、哲学を続けることができる場所を開拓してくれることをいまから望んでいる。

二〇一七年二月一七日　春一番が吹き荒れた日に

中島義道

解説　読みの稽古場

入不二基義

「哲学の入門書」は数多くあるが、「哲学の文章の読み解き方を教えてくれる入門書」は意外なほど少ない。もちろん、哲学をすることと哲学の文章を読み解くことは、同一のことではない。それでも、両者は互いに混入還流し合い、互いの力を鍛え合う関係にあるのだから、そのような「読解指南書」がこれほど少ないことは不思議である。

中島義道さんの『哲学塾の風景　哲学書を読み解く』（原題『哲学塾授業　難解書物の読み解き方』）は、その稀少な「読解指南書」の中の最高傑作である。そもそもサンプルが少ないので手前味噌になることを許してもらいたいが、私自身も「読解指南書」に相当する本を書いたことがある。『哲学の誤読　入試現代文で哲学する！』（ちくま新書）である。拙著『哲学の誤読』もまた、『哲学塾の風景』と並べても恥ずかしくない精華であると思うが、その拙著よりも本書のほうが、いくつもの点で優れているし、広く一般読者に薦めるのにより相応しい指南書である。

その理由の一つは、素材の違いにある。拙著のほうの読解対象は、大学入試の現代文で使用された哲学の文章であり、現代日本の代表的な四人の哲学者（野矢茂樹・永井均・中島義道・大森荘蔵）の文章に限られている。一方、本書は、まさに哲学の古典中の古典とも言うべき、ロック・カント・ベルクソン・ニーチェ・キルケゴール・サルトルという六人の著作から選ばれた文章を読解対象にしている。また、拙著のほうは搦め手や仕掛け（ギミック）に頼っているところがあるのに対して、本書は王道的な正面攻撃の読解を展開している。両者のあいだには邪道と正道の「差」があり、初心者が最初に通るべき道は、間違いなく正道である。

中島さんの読解の進め方は、かつて私も通った哲学科での授業風景（原書講読）を思い出させてくれる。違いは、翻訳テキストを用いるか、原語テキストで読むかだけである。たとえば、第二講・カント『プロレゴメナ』では、（岩波文庫で）たった五行しかない三つの文を、中島さんは三十三頁もかけて読み解いていく。その冒頭は「我々は、感性的直観の形式によってのみ物をア・プリオリに認識できるのである」という文章だが、その前半部分（「……のみ」まで）だけで、十六頁も使っている。「感性」「直観」「形式」に拘りつつ、「感性的直観」「知的直観」「純粋直観」の比較検討へと分け入っていくので、当然それだけの紙幅が必要となる。その読解の進め方は、能楽師のすり足のように、固有の遅速と強靱な安定を感じさせる。

このスロー・リーディングが、哲学科での授業風景（原書講読）を私に思い出させたのであろう。思考においても読解においても、日常生活ではあり得ないほどに速度を落として解像度を上げ、精妙巧緻に進んでいくことが当時の哲学科では常に求められていたし、その営みこそが日々の哲学稽古であった。中島さんが主宰する「哲学塾」は、この「伝統」（多くの大学からはむしろ消えつつある伝統）の保持あるいは再興の場にもなっていることが、本書を読むとよく分かる。

「極度にゆっくり読む」という点だけでなく、「一緒にしつこく読む」という点も、本書を優れた指南書にしているポイントである。つまり、中島さんが一人で黙々と読み解いていって、解説していくというスタイルを取っていないことが、重要である。そこもまた、拙著『哲学の誤読』との「差」である。年齢も職業も背景も多種多様な人たちが、哲学の古典を読むというただ一点のもとに集まって来て、中島師範の厳しくもユーモラスな指導に導かれながら、読書会的な「稽古」は進行していく。本書が活写しているのは、その多声的な読解トレーニングの実況中継である。特に、中島さんの「哲学塾」そのものに興味があって、通ってみたいと思いながら実際には門を叩くことに至らずに逡巡している人たちにとっては、この実況中継を覗いてみることが、最良の判断材料（資料）になるだろう。

第四講・ニーチェ『ツァラトゥストラ』の始まりでは、中島さんは「ニーチェは老人にも手厳しい。もう社会的に何の役にも立たない老人はさっさと死ぬべきだと言うんだから。Y

さん、これについてどう思いますか？」と七十代男性で会社社長のYさんに問いかけ、Yさんが「ちょっと受け容れられませんね」と応じると、中島さんは「じゃ、Yさん、何でこの授業に出ているんですか？」と迫る。さらに、Yさんが「………」と黙っていると、「私はYさんに意地悪しているんじゃない。できればニーチェの言葉を、あくまでも『自分の問題』として読んでもらいたいんだ」と畳みかける。こうして、中島師範は哲学書を読む際の初発の姿勢を正してくれる。

そのあと、Hさん（哲学科の学生・女性・二十代）に少しだけ読んでもらい、その箇所について、「〜って何だろう？」「それに〜とは何だろう？」「何を言っているのか、わかるかなあ？」と中島さんは問いを連発し、さらにHさんがそれに答えると、「まだ、はっきりしないが、……ということ？」「じゃ、……にどう繋がるのかな？」と中島さんは追及の手を緩めない。Hさんのさらなる応答には、「Hさんはニーチェ城を包囲して、安全地帯でその外形を語っているだけで、城に攻め入った体験をもとに語ってはいない」とたしなめた上で、その「攻め込み」の要所となる次の文へと移っていく。その要所では、“gerecht”（正しい）と“gerächt”（復讐欲で満たされた）のあいだの懸け言葉的な使用についても解説が加えられる。

中島師範による「問い」攻撃の稽古は、次の読み手であるK君（哲学科の学生・男性・二十代）にも及んでいく。「そうなんだが、それはどういう意味か、自分の言葉で言いかえてくれないか?」「それじゃ、Hさんの答えと同じじゃないか。きみたち、もっとワルにならなければ到底ニーチェは読めないよ。もっと思い切って常識を大転回しなければだめだ! 誰か、読めないかなあ?」と中島さんの檄が飛ぶ。

ただし、中島師範による稽古は、ただひたすら厳しいだけではない。いや、手厳しいだけに、そのぶん時々訪れる恵みの「飴」が甘みを増していると言うべきかもしれない。しかも、その「飴」は受講者に応じて使い分けられていて、第四講以降に参加するRさん(小説家志望のフリーター・女性・二十代)に対しては、比較的多く降り注いでいるように感じられる。

先ほどのK君への叱咤に続いて、Rさんが正義と復讐の連動について発言すると、中島さんは「Rさん、すばらしいね。その通りだよ。いままでニーチェ、読んだことあるの?」と褒める。「いいえ」と答えるRさんに対しては、「私はごくたまに、こういう人に出会うことがある。哲学書なんか読んだことがなくても、ピタリと哲学者の言いたいことを当ててしまう。それは、そういう人がその哲学者と同じように生き、同じように考えてきたからなんだね」と続く。

とはいえ、ただの「飴」では終わらないところがまた、何とも中島さんらしい。持ち上げた後は、必ず特有の「ひねり」が加わる。先ほどの「哲学者と同じように……」の直後は、「Rさん、あなたの人生はそんなに絶望的だったの?(全員、爆笑)」と続いている。さらに、HさんやK君の「オメデタイ」解釈に対する批判が続いたあと、「K君は秀才だが、だからこそいわゆる善悪の枠を抜け出すのが難しい。Rさん、あなたはあまり秀才じゃないでしょう?」「はい、その通りです(笑)」となっていて、中島さんとRさんのあいだには、息の合った「掛け合い」感すら漂っている。第四講の終わりの中島さんの一言は、「いやあ、本当に驚くねえ。自分が書いた本のようにニーチェが正確に読めるんだから。Rさんは、もしかしたらニーチェの生まれ変わりじゃないの?(全員、笑)」である。

この第四講と次の第五講を通じて浮かび上がる、ニーチェとキルケゴールのあいだの印象的なコントラストは、本書全体の中でも屈指のハイライトであろう。他罰的であってコミカルなニーチェに対して、自罰的であってアイロニカルなキルケゴール。魅力的ではあっても単純で無骨なアンチクリストのニーチェに対して、極度の緊張を孕んだ信仰のもとで身悶えしつつ、同時にその自分の滑稽さを茶化すユーモアも備えたキルケゴール。だからこそ、ニーチェの読解よりもキルケゴールの読解のほうが、独特の難しさを伴っている。中島師範も、何度もその点を強調している。

そのニーチェとキルケゴールの違いを読み解いていくためにも、Rさんは効果的な役割を果たしている。というのも、Rさんというキャラクターは、その単純な他罰性や健全さ、そして「小説家志望」というプロフィールまでもが、ニーチェと親和的に働いているし、逆にキルケゴール的な自罰性やイロニーに対しては感度が落ちるように設定されているからであこの設定に、さらに中島さん自身のキルケゴールへの親和性が重ね描きされることによる。よって、読解対象のコントラストと読解行為におけるコントラストが共鳴し合う。

中島さんによれば、「ほとんどの小説家は恐ろしいほど巨大な単眼の持ち主」――秀逸な表現！――で、「ニーチェ程度の単純な精神のほうが、小説家として成功する確率は高い」。そのように作家志望として励まされた（？）Rさんは、「ああ、安心しました、と答えるほど、私、単純じゃないんですが……（笑）」と応じていて、二人の息の合った「掛け合い」感はこの箇所にも漂っている。

紙幅の関係で、Rさんにしか焦点を合わせられなかったが、中島さんと各参加者たちのあいだのやり取りや関係性を楽しむことは、本書を読むときの妙味の一つであることは間違いない。Rさん以外の参加者にも注目して、再読再々読してみることを、読者の皆様にもお薦めしたい。

（青山学院大学教授）

本書の原本は、二〇一二年四月、『哲学塾授業——難解書物の読み解き方』として小社より刊行されました。

中島義道（なかじま　よしみち）

1946年生まれ。東京大学法学部卒業，同大学院哲学専攻修士課程修了。ウィーン大学で哲学博士号取得。電気通信大学教授を経て，現在は「哲学塾 カント」主宰。専攻は時間論，自我論。著書に『哲学の教科書』『「時間」を哲学する』『ウィーン愛憎』『「私」の秘密』『「純粋理性批判」を嚙み砕く』『差別感情の哲学』『不在の哲学』『カントの時間論』ほか多数。

講談社学術文庫

定価はカバーに表示してあります。

哲学塾《てつがくじゅく》の風景《ふうけい》
哲学書《てつがくしょ》を読《よ》み解《と》く
中島義道《なかじまよしみち》

2017年4月10日　第1刷発行

発行者　鈴木　哲
発行所　株式会社講談社
東京都文京区音羽 2-12-21 〒112-8001
電話　編集（03）5395-3512
販売（03）5395-4415
業務（03）5395-3615
装　幀　蟹江征治
印　刷　慶昌堂印刷株式会社
製　本　株式会社国宝社
本文データ制作　講談社デジタル製作

ISBN978-4-06-292425-2

「講談社学術文庫」の刊行に当たって

これは、学術をポケットに入れることをモットーとして生まれた文庫である。学術は少年の心を養い、成年の心を満たす。その学術がポケットにはいる形で、万人のものになることは、生涯教育をうたう現代の理想である。

こうした考え方は、学術を巨大な城のように見る世間の常識に反するかもしれない。また、一部の人たちからは、学術の権威をおとすものと非難されるかもしれない。しかし、それはいずれも学術の新しい在り方を解しないものといわざるをえない。

学術は、まず魔術への挑戦から始まった。やがて、いわゆる常識をつぎつぎに改めていった。学術の権威は、幾百年、幾千年にわたる、苦しい戦いの成果である。こうしてきずきあげられた城が、一見して近づきがたいものにうつるのは、そのためである。しかし、学術の権威を、その形の上だけで判断してはならない。その生成のあとをかえりみれば、その根は常に人々の生活の中にあった。学術が大きな力たりうるのはそのためであって、生活をはなれた学術は、どこにもない。

開かれた社会といわれる現代にとって、これはまったく自明である。生活と学術との間に、もし距離があるとすれば、何をおいてもこれを埋めねばならない。もしこの距離が形の上の迷信からきているとすれば、その迷信をうち破らねばならぬ。

学術文庫は、内外の迷信を打破し、学術のために新しい天地をひらく意図をもって生まれた。文庫という小さい形と、学術という壮大な城とが、完全に両立するためには、なおいくらかの時を必要とするであろう。しかし、学術をポケットにした社会が、人間の生活にとってより豊かな社会であることは、たしかである。そうした社会の実現のために、文庫の世界に新しいジャンルを加えることができれば幸いである。

一九七六年六月

野間省一